Claire Pinson

Mincir
au féminin

• MARABOUT •

613.25

Photos : © Stéphane Leduc sauf : pages 6, 62 : Image Bank ; pages 18, 82 : Parker/Option Photo ; pages 32, 92, 112, 136, 162 : Photonica ; page 122 : Pix.
Illustrations : Delétraz.

ncir
éminin

GRANT AND CUTLER LTD

Sommaire

En route vers le succès

Tout ce que vous devez savoir pour réussir.

Vous avez pris la décision de perdre du poids. Nous allons vous donner toutes les armes indispensables à l'aboutissement de votre projet. Vous avez tout pour réussir... et nous allons vous aider à garder intacte votre belle volonté.

Le corps de la femme à travers les âges

Même si la minceur est actuellement très à la mode, il n'en a pas toujours été ainsi : aux temps préhistoriques, mais aussi à l'époque de la Grèce antique et de la Renaissance, les rondeurs, symbole de fécondité et d'opulence, étaient retenues comme critères de beauté. Au XIXe siècle, on encensait encore la femme aux cuisses rondes et à la gorge pleine, tandis que minceur était synonyme de misère. Et au début du XXe siècle, le terme de «belle femme» désignait la femme bien en chair et bien charpentée.

Notons également que dans certains pays d'Afrique, on considère encore la silhouette enrobée comme un atout de séduction et un signe extérieur de richesse. Les futures épousées sont gavées durant les mois précédant leur mariage, afin de devenir plus appétissantes...

Dites oui à votre future image

Perdre du poids, c'est voir sa silhouette se rapprocher, jour après jour, de l'image du corps rêvé. Il n'est pas toujours facile de passer, en quelques mois, de l'état de femme forte à celui de personne mince... Un temps d'adaptation sera nécessaire pour que vous vous adaptiez, physiquement et psychologiquement, à votre nouveau profil.

L'objectif minceur : un mouvement très «tendance»

Dans notre société d'abondance, la course à la minceur est devenue incontournable. Il n'est pas une semaine sans qu'un magazine propose un nouveau régime ou un produit révolutionnaire. Les femmes lianes s'affichent sur les murs et dans les pages de mode, nous renvoyant à l'image de notre corps qui ne souffre pas la comparaison. Devant le déferlement des nouveaux top-models squelettiques, idolâtrés par des adolescentes rêvant de leur ressembler et flirtant avec un comportement anorexique, de nombreux médecins ont tiré la sonnette d'alarme.

Parallèlement à cette lutte contre les kilos, tout un marché de la minceur s'est mis en place : gélules miracles, salles de sport et de musculation (et leurs tenues adaptées hors de prix), crèmes et onguents, pèse-personnes à mémoire (parlants !), appareils raffermissants, guérisseurs-amincisseurs plus ou moins «bidon»... Le candidat à la perte de poids ne sait plus à quel saint se vouer pour se débarrasser de ses kilos... sans les reprendre !

Le plus dramatique est qu'un véritable racisme «anti-gros» s'est instauré. A l'écran comme à la ville, il est malvenu d'être enveloppé. L'amalgame entre obésité et mollesse ou manque de volonté est couramment effectué. La minceur quant à elle, comme le bronzage, est devenue le signe extérieur de la forme, du dynamisme, de l'esthétisme, mais aussi d'un certain statut social. A juste titre : on trouve plus d'obèses parmi les milieux modestes de la société que parmi les couches aisées !

Nous avons toutes conscience de ces incohérences. Parfois, nous nous sentons même manipulées par cette société qui nous impose une certaine image de la femme idéale - svelte. Et pourtant : la plupart d'entre nous souhaitent malgré tout perdre du poids et rester minces pour toujours. Alors, que faire ? Prendre, en tout état de cause, la décision qui nous correspond. Vouloir se forcer à suivre un régime quand on n'est pas profondément décidée à perdre du poids, c'est être sûre d'essuyer un échec. Au fait, savez-vous que les personnes minces vivent plus longtemps et généralement mieux que les personnes plus rondes ?

Libérez-vous de votre image de «grosse»

Peut-être avez-vous connu - ou avez-vous été -, lors de votre parcours scolaire, une «bonne grosse» prête à tout accepter par crainte d'être rejetée du groupe. Qu'elle ait été le souffre-douleur de la bande, ou la bonne copine prête à écouter les doléances des autres sans jamais se faire entendre en retour pour mieux se faire accepter, on peut dire qu'elle est toujours restée au second plan, acceptant sans mot dire les brimades et humiliations, ou encore les confidences sentimentales de la personne dont elle était éperdument amoureuse...
Jusqu'au jour où la «bonne grosse» ne supporte plus d'endosser le rôle de «cinquième roue du carrosse». Elle décide de rompre avec le personnage trop gentil et naïf qui lui collait à la peau. Comment ? En entamant un régime amincissant, avec ou sans contrôle médical, mais avec beaucoup de volonté. Et c'est là que tout bascule. Car au fur et à mesure que le corps se transforme, le profil psychologique évolue également.

Protégez-vous autrement

S'enrober de graisse, c'est créer une barrière entre soi et les autres. La personne ronde n'est généralement pas perçue comme un être potentiellement désirable, mais comme un personnage asexué. Le surpoids sert en quelque sorte de garde-fou au désir des autres.
Accepter de perdre ses rondeurs, c'est un peu comme décider de se mettre à nu, de redevenir séduisante, avec toutes les conséquences que cela comporte : reprise d'une vie sexuelle (de nombreuses personnes en surpoids reconnaissent ralentir ou stopper toute activité sexuelle par dégoût de leur propre corps ou par manque de mobilité), modification du regard des autres (commerçants, collègues, proches...).

Les surpoids réfractaires

Si vous avez essayé à maintes reprises de perdre du poids, et qu'à chaque fois, tous vos efforts se sont soldés par un échec, c'est que le problème se situe peut-être ailleurs : pourquoi ne pas songer à entamer une psychothérapie pour tenter de comprendre pourquoi vous vous confinez dans votre image de personne ronde ? (voir chapitre 8)

Apprendre à vivre autrement

La personne en phase d'amincissement doit réfléchir au poids de ces conséquences dans sa vie quotidienne. Plus de réflexions sur son aspect physique, mais de l'indifférence, du respect, voire de l'admiration ou du désir ! Rien ne sera plus comme avant. Il faudra apprendre à vivre autrement, avec ce corps tout neuf, encore sous surveillance. Et surtout ne pas en attendre l'impossible. Ce n'est pas le fait d'arborer une nouvelle silhouette qui fait revenir un fiancé ou qui gomme les problèmes liés à la recherche d'un emploi. L'amincissement est une aide pour réapprendre à vivre mieux, et non la solution miracle à tous les problèmes.

Nous sommes inégaux devant les kilos

Certains sont naturellement de «petits brûleurs» d'énergie, d'autres de «grands brûleurs». Ce qui explique qu'à alimentation égale, certains prendront du poids, d'autres pas.

Une étude a été réalisée en 1990 par un chercheur américain, Albert J. Stunkard, sur 677 paires de jumeaux, vrais et faux. Il faut savoir que les vrais jumeaux ont les mêmes gènes, tandis que les faux jumeaux n'ont en commun qu'une partie de leur hérédité. Certains couples de ces jumeaux, vrais ou faux, avaient été séparés dès l'enfance, parce qu'ils avaient été adoptés par des familles différentes. Or, qu'ils soient élevés ensemble ou pas, les vrais jumeaux avaient un poids très proche. Conclusion : l'éducation diététique et les habitudes alimentaires familiales auraient moins d'influence sur le surpoids que l'hérédité.

La fatalité n'existe pas. Ne laissez pas le poids de vos gènes vous empêcher de mincir et de rester mince !

Comprenez les raisons de votre surpoids

Toutes celles qui éprouvent le besoin de mincir n'ont pas grossi pour les mêmes raisons. Nous vous conseillons de réfléchir à la façon dont vous avez pris du poids. En comprenant les raisons de votre surpoids, vous ferez un premier pas vers cette silhouette dont vous rêvez.

Vos rondeurs vous suivent depuis l'enfance

Pour la plupart des spécialistes, la prédisposition à l'obésité est transmise par les gènes. C'est pourquoi il est si difficile pour une personne forte de perdre du poids et surtout de ne pas regrossir. Cette hérédité expliquerait également qu'il existe des familles de «gros» et des familles de «maigres».

Il ne s'agit pourtant pas de baisser les bras si vous appartenez à une famille de «gros». Une alimentation équilibrée et une activité sportive peuvent contrebalancer votre capital génétique. En revanche, si vous n'adoptez pas une rigoureuse hygiène de vie et que vous ne bougez pas, vous risquez fort de vous retrouver avec des kilos en trop.

Dans certaines familles, on est gros de génération en génération et on le reste parce qu'on est sédentaire et que l'on se nourrit mal. D'autres familles parviennent à faire fi de leur hérédité en adoptant de bonnes habitudes alimentaires et en encourageant l'activité sportive.

Vos kilos se sont accumulés au fil du temps

Adolescente et jeune adulte, vous étiez plutôt mince, sans vous priver. Les années ont passé, et vous avez gagné un kilo, puis trois, puis cinq... voire plus. Même s'il est considéré comme normal de ne pas conserver toute sa vie le poids de ses vingt ans, il est légitime de vouloir s'y maintenir le plus longtemps possible. Pourtant, la plupart d'entre nous agissent en dépit du bon sens. Vie sédentaire, alimentation trop riche, vite et mal absorbée, «petits riens» pris entre les repas, station debout prolongée ou longs moments passés assise derrière un bureau ou un volant... c'est la porte ouverte aux kilos superflus !

Les événements qui vous ont fait prendre du poids

Vous avez arrêté de fumer

L'arrêt du tabac a la mauvaise réputation d'entraîner une prise de poids. Et ceci pour plusieurs raisons :

● L'ex-fumeuse grignote davantage entre les repas, et plutôt des aliments sucrés, pour tenter de compenser le manque.

● Le fait de fumer augmente les dépenses énergétiques de 200 calories par jour environ.

● Le tabac a un effet anorexigène (coupe-faim). Les fumeuses absorbent en général 200 à 300 calories de moins que les non-fumeuses ou les ex-fumeuses.

C'est pourquoi il n'est pas rare que l'arrêt du tabac entraîne une prise de poids de l'ordre de 2 à 4 kg, parfois plus, parfois moins. Certaines peuvent même s'arrêter de fumer sans prendre un gramme. Le tabac étant responsable de nombreuses maladies cardio-vasculaires et de cancers, mieux vaut prendre deux kilos (et les reperdre) que continuer à s'intoxiquer.

Vous avez vécu une ou plusieurs grossesses

Pour ne pas rester ronde après la grossesse, une solution : ne pas prendre plus d'un kilo par mois. Et allaiter bébé. Le fait de nourrir son enfant au sein brûle des calories et permet à l'utérus de retrouver plus rapidement sa forme initiale.

Néanmoins, si vous avez gardé quelques kilos, il existe plusieurs moyens de retrouver votre taille de jeune fille :

● Pratiquez une activité sportive (natation, aqua-gym...).

● Entamez un régime équilibré (inutile de vous affamer ni de vous carencer après cette période éprouvante) ; les régime hyperprotéinés, enrichis en suppléments alimentaires pour éviter les carences, donnnent généralement d'excellents résultats.

Vous avez arrêté de faire du sport

Nombreuses sont les personnes qui prennent du poids car elles stoppent brutalement toute activité physique... tout en continuant à s'alimenter comme avant ! Résultat : la masse musculaire est peu à peu remplacée par la masse grasse. L'arrêt du sport ne devrait jamais être total ni définitif. Toute baisse d'activité physique doit être accompagnée par une modification de la baisse des entrées énergétiques. Dans votre cas, il sera indispensable de reprendre une activité physique !

Vous avez traversé un épisode dépressif

Il n'est pas rare que les kilos se fassent envahissants à la suite d'un épisode dépressif, réactionnel ou pas : deuil, rupture, perte d'emploi... A noter : un amaigrissement peut également apparaître. Explication : un événement traumatisant peut provoquer différents troubles, notamment des troubles du comportement alimentaire. Si vous êtes dans ce cas, n'hésitez pas à en parler à votre médecin. D'autre part, certains médicaments antidépresseurs peuvent provoquer une prise de poids. Les kilos disparaissent généralement à l'arrêt du traitement.

Le dérèglement hormonal

L'hypothyroïdie est une maladie rare atteignant la glande thyroïde et ralentissant l'activité de cette dernière. Les symptômes sont les suivants : dépression, fatigue, crampes musculaires, constipation, anémie, hypercholestérolémie, frilosité et... prise de poids. Pour vérifier cela, votre médecin pourra faire doser votre taux sanguin d'hormones thyroïdiennes. Si vous êtes bel et bien sujette à une hypothyroïdie, un traitement adapté mettra fin à ces désagréments et votre poids se normalisera.

Cultivez l'égoïsme

Pendant cette période particulière de régime, soyez égoïste.

Prenez du temps pour vous occuper de vous, de votre santé, de votre beauté :

● **Prenez des bains relaxants**, pas trop chauds pour ne pas ramollir les chairs ni dilater les vaisseaux.

● Massez-vous ou faites-vous masser avec des huiles essentielles à base de plantes.

● Rafraîchissez votre coiffure.

● Prenez enfin le temps de changer de lunettes ou de passer chez le dentiste.

● Pensez à vous épiler régulièrement les jambes... même l'hiver !

● Soignez vos ongles et votre maquillage.

● Pratiquez le lèche-vitrines pour repérer tout ce que vous vous offrirez à l'issue de votre régime.

● Enfin, prenez du temps pour vous livrer à votre activité favorite : lire, peindre, cuisiner (mince) plutôt que grignoter en regardant la télé par désœuvrement.

Multipliez vos chances de gagner

Vous commencez un programme amincissant pour vous sentir mieux physiquement et psychologiquement. Pour être sûre de réussir, employez les grands moyens ! Voici quelques astuces qui vous aideront à atteindre votre objectif.

Motus et bouche cousue...

Pour maigrir heureuse, évitez de parler de votre projet d'amincissement aux personnes en lesquelles vous n'avez pas une confiance absolue. Dans le cas contraire, il se peut fort que vos petites copines et collègues se chargent de vous saper le moral, l'énergie et la volonté d'aller jusqu'au bout en vous assenant des propos tels que :

- «Tu n'es pas si grosse que cela.»
- «Il ne faut pas contrarier la nature.»
- «Tu es amoureuse ?»
- «Il faut faire une cure d'ananas pendant 8 jours : radical !»
- «Les régimes sont réservés à celles qui savent faire preuve de volonté.»
- «Tu vas devoir renouveler toute ta garde-robe.»
- «Après l'âge de vingt-cinq ans, impossible de maigrir.»
- «Ma meilleure amie a perdu 10 kg : manque de chance, elle en a repris 15 le mois suivant.»
- «C'est comme ça que Sylvie a fini à l'hôpital.»

Au restaurant de votre entreprise ou quand vous êtes invitée à dîner, on s'étonne de votre manque d'appétit. Prétextez plutôt la crise de foie ou une baisse de tonus, survenant toujours chez vous à cette période de l'année, et entraînant une baisse d'appétit, que vos véritables motivations sous peine de voir les autres tenter de contrarier vos projets. Votre poids et les inconvénients que vous lui trouvez ne concernent que vous. Conclusion : pour maintenir le cap, gardez le silence !

... sauf exception

Même si vous prenez la sage décision de taire votre régime à votre entourage, rien ne s'oppose à ce que vous vous ouvriez à vos proches, dans la mesure où vous les savez capables de comprendre votre démarche et à vous soutenir : votre conjoint (pourquoi ne pas entamer ensemble une phase d'amincissement ?), votre meilleur(e) ami(e) (qui peut également suivre un programme minceur en même temps que vous : vous pourrez vous téléphoner pour échanger des idées et vous remonter le moral mutuellement quand vous vous sentez proche de «craquer»).

Si vous n'avez confiance en personne, pourquoi ne pas vous confier à votre médecin ? Il est tenu par le secret médical, et ne peut communiquer des informations vous concernant sans votre accord. De plus, il sera votre interlocuteur privilégié pour vous conseiller et vous orienter, voire pour vous prescrire un régime hypocalorique adapté ou un médicament aide-minceur de confort, par exemple un «coupe-faim», n'agissant pas au niveau du cerveau, mais gonflant dans l'estomac.

Renouvelez votre garde-robe

Dès que vous avez commencé à perdre du poids, débarrassez-vous de vos vêtements de «grosse» en les donnant ou en les vendant, et rachetez des vêtements un peu ajustés si vous avez encore du poids à perdre. C'est radical pour éviter de regrossir ! Pourquoi ne pas en profiter pour changer de look ? Délaissez ces grands pulls informes que vous portiez pour cacher vos rondeurs, et offrez-vous ces petites robes près du corps qui coïncident mieux avec votre style, mais que vous ne pouviez vous offrir pour cause de surpoids. Ou remplacez les jupes longues par des caleçons moulants, soulignant joliment le nouveau galbe de vos jambes. Autre avantage des caleçons : ils sont extensibles ; vous pourrez les porter pendant et après votre régime.

Autre détail, et non des moindres : donnez à votre mère ou à votre meilleure amie tous les aliments «dangereux» :

● Bonbons, chocolat, sucreries, confiture, glaces, sodas...

● Beurre, lait entier, fromage gras.

● Charcuterie et viandes grasses.

● Chips, pommes de terre frites, pommes de terre précuites sautées...

Vous avez des enfants et vous ne souhaitez pas les priver, sous prétexte que vous faites un régime ? Ravitaillez-les en friandises que vous, vous n'aimez pas... ou profitez-en pour redresser leurs mauvaises habitudes alimentaires !

Poids et tabac

On commence un régime pour perdre du poids et parce que l'on s'aperçoit que son alimentation est déséquilibrée. Pas étonnant que l'on soit tenté d'arrêter parallèlement la consommation de tabac, considéré à juste titre comme un «poison» pour l'organisme.

Pourtant, il est rare que l'arrêt du tabac et la réussite d'un régime amincissant fassent bon ménage, et ce pour deux raisons :

Il est extrêmement difficile de faire l'impasse simultanément sur deux sources de plaisir, d'autant plus que le candidat à l'arrêt du tabac est spontanément attiré vers des aliments au goût sucré.

Le tabac a un effet anorexigène ; de plus, le fait de fumer brûle environ 200 calories par jour. Conséquence : la personne en sevrage voit son appétit augmenter et ses dépenses caloriques diminuer.

Dans la mesure du possible, mieux vaut commencer par stopper le tabac, pour ensuite normaliser son poids ; en effet, les méfaits occasionnés par le tabac sont plus importants que ceux générés par un surpoids modéré.

Attention aux personnes toxiques

Certains conjoints particulièrement pervers feignent d'encourager leur «moitié» à suivre un régime, tout en la soumettant sans relâche à la tentation. Dans ces conditions, il n'est pas rare que l'amincissement échoue. La personne en échec se sent alors incapable et coupable, et peut renoncer définitivement à perdre du poids. Pourquoi certains conjoints adoptent-ils cette attitude ? Tout simplement parce qu'ils tirent un avantage de l'obésité de leur conjoint ; ainsi, ils ne craignent pas, par exemple, que l'époux(se) obèse plaise à d'autres. Ou encore ils tirent parti du sentiment de culpabilité de leur partenaire trop rond, ce dernier multipliant ses efforts pour être agréable à l'autre, malgré ses kilos.

Mincir au bureau

Difficile de résister au carré de chocolat ou au café sucré que vous tend Isabelle, votre collègue. Pour refuser sans blesser, inventez-vous de bonnes raisons : crise de foie, mal aux dents, allergie, urticaire... et lancez la mode des chewing-gums sans sucre ou de la bouteille d'eau minérale trônant fièrement sur le bureau.

Expliquez votre démarche à vos proches

Dans ce parcours de la combattante, votre motivation est votre principal atout. Vos chances de réussite seront supérieures si vous êtes épaulée et comprise par votre entourage.

Votre conjoint

Un soutien efficace

Même si vous n'informez pas directement votre conjoint que vous entamez une période de régime alimentaire, il est de grandes chances pour qu'il s'en aperçoive : votre attitude lorsque vous prenez vos repas en commun, le contenu des placards et du réfrigérateur changent, votre silhouette aussi.

Il est important que votre conjoint vous soutienne dans votre effort, en évitant de critiquer votre projet ou d'ingurgiter devant vous vos mets préférés (et interdits).

Maigrir pour lui plaire ?

Avant tout, il est bon de savoir pour qui vous maigrissez. Est-ce pour vous ? Est-ce pour votre conjoint ? Est-ce ce dernier qui vous en a fait la demande, ou vous-même qui avez pris la décision de vous affiner pour lui plaire davantage ? Est-ce sur avis médical ?

Il est certain que votre motivation ne sera pas la même si vous avez pris vous-même la décision de perdre du poids ou si l'on vous a «forcé la main». Nombre de régimes échouent parce que le candidat à l'amincissement subit la pression de son entourage, alors que lui-même n'est pas encore prêt à perdre du poids.

Conservez ou reprenez le dialogue

Etre trop gros, cela peut être également un procédé pour rester, au sein du couple, une personne «de poids». Il faut alors aller chercher une solution au niveau du dialogue - ou plutôt du manque de dialogue - et des rapports de force enracinés au sein du duo.

Vos enfants

Une prise de poids nécessaire mais non définitive

«Un enfant en plus, une dent en moins»... et un certain nombre de kilos en excès !, constatent chaque année les jeunes mamans. Théoriquement, vous avez un an pour reperdre vos kilos. Inutile de vouloir mincir trop vite, sous peine de voir vos chairs, déjà soumises à rude épreuve avec la grossesse, s'affaisser.

Quoi qu'il en soit, moins vous prendrez de poids durant votre grossesse, moins importantes seront vos difficultés pour retrouver votre silhouette de jeune fille. Néanmoins, la prise de poids, durant la grossesse, ne doit pas excéder un kilo par mois.

Le regard de vos enfants

Certaines jeunes femmes ont donné la priorité à l'éducation de leur enfant durant les premières années de sa vie, pour s'apercevoir un beau matin qu'elles ont gardé un corps de femme enceinte ! Pas évident d'entendre la vérité de la bouche de cet enfant qui, finalement, est «responsable» de ces kilos en trop ! Un tel incident peut déclencher chez la jeune maman une prise de conscience tout à fait bénéfique. Il y a encore une vie après la maternité !

Du côté de vos parents

Peut-être vos parents vous en voudront-ils de faire un régime. Ne leur en tenez pas rigueur : à leurs yeux, vous êtes en train d'aller à l'encontre de votre nature, leur nature... Ils peuvent éprouver le sentiment que vous niez vos origines. L'acte de se nourrir n'est pas un geste anodin. Durant la première période de la vie, il passe par la mère. La plupart des anorexies et des boulimies sont le signe d'un conflit inconscient entre l'enfant et son entourage, une manière de protester par le refus ou l'excès de nourriture.

Rassurez vos parents en leur disant comme vous vous sentez bien depuis que vous avez commencé à perdre du poids, ou mieux, ne leur soufflez pas un mot de votre projet, sous peine de vous voir envahie par les tablettes de votre chocolat préféré !

Une maman tout en rondeurs

On associe souvent l'idée de la maman à celle de la rondeur et de la douceur : poitrine généreuse, giron accueillant, cuisses larges. Difficile, quand cette image est bien ancrée dans sa tête, de rester (ou de devenir) une femme liane. Beaucoup de jeunes mères renoncent inconsciemment à la minceur parce que dans leur esprit, maternité est synonyme de rondeur. D'autres ont tout simplement renoncé à séduire, ne serait-ce que leur époux, puisque maintenant, elles sont mères. Jusqu'au jour où ce dernier rôle ne leur suffit plus, et qu'elles souhaitent retrouver une silhouette plus svelte.

Des enfants fiers de leur maman

Généralement, les enfants acceptent très bien que leur maman soit au régime, si ce dernier n'est pas vécu comme une contrainte, mais comme une renaissance. Et quelle fierté le jour où la petite copine de Mégane vous prendra pour sa grande sœur ou sa baby-sitter !

La notion de poids idéal

Plus d'une Française sur deux n'est pas satisfaite de son poids. La plupart des insatisfaites se trouvent trop rondes ; un petit pourcentage se juge trop maigre. Pourtant, les deux tiers des Françaises ont un poids satisfaisant pour leur âge, médicalement parlant. Mais voilà : la mode et les critères de beauté actuels n'encensent pas les rondeurs. Pour adhérer à l'époque, nombreuses sont les femmes qui descendent au-dessous du poids conseillé par les médecins. Autre cas de figure : vos proches, la pression de la mode et des magazines vous incitent à perdre du poids. Pourtant, vous vous sentez bien comme vous êtes, et selon votre médecin, votre surpoids ne vous fait encourir aucun risque. Si vous avez beaucoup de poids à perdre, ne soyez pas trop exigeante avec vous-même. Imaginons que vous ayez 20 kg à perdre ; essayez d'abord de perdre 10 kg, continuez par une phase de stabilisation, puis reprenez votre régime pour éviter la lassitude, la perte de motivation, donc l'échec. D'autre part, si vous avez toujours été très ronde, il sera plus difficile d'atteindre votre poids «rêvé». Il sera également moins aisé de vous y maintenir.

Pour connaître le poids qui vous convient

Nous avons regroupé ici plusieurs méthodes qui vous permettront d'évaluer votre poids idéal, c'est-à-dire le poids qui vous permettra, si vous vous y maintenez, de conserver un état de santé maximal. Il faut savoir toutefois qu'il existe parfois un décalage entre le poids considéré comme normal par un diététicien ou un médecin, et le poids auquel vous vous sentirez bien dans votre corps.

A chacune son poids de forme

Le poids idéal est en fait très personnel. Certaines femmes de 1,65 m se sentiront belles à 68 kg, d'autres ne se supporteront pas à plus de 52. En fait, chacune sait d'instinct quel est son poids de forme, et les propos des proches ont peu d'influence sur son opinion. Il s'agit généralement d'un poids qui est resté stable durant une longue période et auquel on se sentait bien. Pour déterminer votre poids idéal, fixez-vous un objectif raisonnable. Mais ne demandez pas l'impossible : on ne récupère pas à 40 ans le poids de ses 18 ans.

La nature de l'ossature joue un rôle dans le poids. Selon que le sujet est menu ou bien charpenté, un écart de poids sera toléré. Même chose pour les sportifs : à volume égal, la masse musculaire pèse plus lourd que la masse grasse.

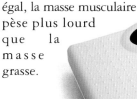

La formule de Lorentz

Elle met en relation la taille et le poids idéal, et tient compte du sexe de l'individu.

● Ainsi, pour les femmes, on applique la formule suivante :
Poids idéal = taille en cm - 100 - (taille en cm - 150 : 2)
Soit pour une femme mesurant 160 cm :
160 - 100 - (160 - 150 : 2) = 60 - 5 = 55 kg

● Pour les hommes, il convient d'appliquer la formule suivante :
Poids idéal = taille en cm - 100 - (taille en cm - 150 : 4)
Soit pour un homme mesurant 174 cm :
174 - 100 - (174 - 150 : 4) = 74 - 6 = 68 kg

Cette méthode est utilisée par de nombreux médecins. Néanmoins, elle ne tient pas compte de l'âge du sujet ni de la proportion de la masse grasse par rapport à la masse maigre.
Un sujet est considéré comme obèse s'il pèse plus de 120 % du poids obtenu grâce à cette formule.

L'indice de masse corporelle (IMC)

C'est la formule la plus utilisée par les professionnels pour évaluer la corpulence. Elle consiste à diviser son poids (en kg) par sa taille (en mètres) au carré :
$$IMC = poids (en\ kg) : taille\ (en\ mètres)^2$$

Reprenons l'exemple de notre femme mesurant 1,60 m. Si son poids est de 55 kg, son IMC sera de :
55 : 1,60 x 1,60 = 55 : 2,56 = 21,48
Et pour l'homme mesurant 1,74 cm et pesant 68 kg :
68 : 1,74 x 1,74 = 68 : 3,02 = 22,51

Il faut savoir que :
● si l'indice de masse corporelle est compris entre 18,5 et 25 kg au m^2, on considère le poids comme normal ;
● si l'IMC est inférieur à 18,5, le sujet est trop maigre ;
● s'il est supérieur à 25, le sujet est trop gros.
L'indice de masse corporelle des personnes âgées ne doit pas être trop bas à cause des risques de dénutrition.
Les résultats que vous obtiendrez grâce à ces formules vous donneront une idée de votre poids de forme. Mais chaque individu étant unique, votre poids de forme peut être différent du résultat obtenu.

Masse maigre et masse grasse

La masse dite «maigre» est constituée de l'ensemble des tissus musculaires du corps, mais également des organes et viscères, du sang et du système circulatoire, lymphatique et nerveux.
La masse «grasse» fait office de réserves énergétiques, dans lequel l'organisme est censé puiser son énergie en cas de besoin. Une partie de la masse grasse est située dans le tissu sous-cutané ; l'autre partie siège dans les tissus internes du corps, et peut s'avérer dangereuse si elle est présente en quantité trop importante : en effet, avoir le coeur ou le foie enrobé de graisse peut avoir une influence néfaste sur la santé.

«Le petit noir»

L'embonpoint résulte également de mauvaises habitudes alimentaires bien installées. Nombreuses sont les Françaises qui partent travailler le matin avec seulement «un petit noir» dans le ventre, tout en sachant qu'il est indispensable de prendre un vrai petit déjeuner. Le midi, on absorbe un hamburger/frites/soda, qui comble la faim momentanément. Résultat : le soir on est affamé… et on se jette sur n'importe quoi pour terminer la soirée à grignoter des friandises en regardant la télé.

Pour faire la paix avec votre poids

Conservez votre silhouette de liane en toutes circonstances.

La course à la minceur est un combat sans fin. Tout au long de votre vie de femme, vous allez être confrontée à différentes situations psychologiques, physiologiques ou hormonales qui vont mettre en danger le fragile équilibre de votre balance.

Voici nos précieux conseils pour traverser sans grossir toutes les étapes délicates de votre vie.

Quelques conseils à souffler à votre mari

La plupart des hommes trop ronds présentent un surpoids androïde. Il leur sera donc plus facile de maigrir, car la graisse accumulée autour du ventre et de l'abdomen «fond» en priorité en cas de régime. En effet, leurs adipocytes (cellules graisseuses) sont gorgés de graisse, mais ne sont pas en surnombre, comme c'est souvent le cas dans les obésités gynoïdes. Si les régimes au masculin réussissent généralement bien, ce n'est pas seulement parce que l'homme maigrit plus vite que la femme, mais également parce que son organisme n'est pas habitué à l'alternance privation/bombance, perte de poids/ reprise de poids (effet «yo-yo»), créant chez la femme, après quelques années à ce régime, une résistance à la perte de poids.

Pour combattre le surpoids de type gynoïde

● **Mettez l'accent sur les exercices physiques favorisant la circulation veineuse et lymphatique : vélo, natation, marche...**
● **Evitez les bains chauds, le chauffage par le sol, et dormez les jambes légèrement surélevées.**
● **Offrez-vous des douches d'eau fraîche des chevilles aux cuisses.**

La femme en guerre contre ses rondeurs

La majorité de la population présentant un surpoids est féminine. En 1991, en France, on comptait 25 % de femmes obèses pour 18 % d'hommes.

Les deux types de surcharge

Les conséquences du surpoids ne sont pas les mêmes selon que les réserves graisseuses sont situées au-dessus ou au-dessous du nombril.

Le surpoids gynoïde

Il caractérise la surcharge graisseuse typiquement féminine localisée au niveau des hanches et des cuisses («culotte de cheval»), des fesses et du bas du ventre.
Il est moins dangereux que le surpoids androïde, dans la mesure où la graisse n'enrobe pas les organes vitaux.
La femme de poids normal possède une masse grasse supérieure à celle de l'homme, de l'ordre de 18 à 25 % de son poids global, contre 10 à 15 % pour l'homme.
Contrairement aux idées reçues, il arrive que l'homme présente une obésité gynoïde, c'est-à-dire du bas du corps.

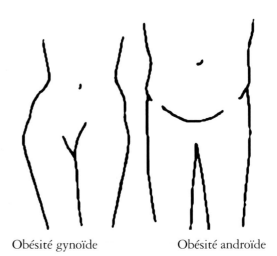

Obésité gynoïde   Obésité androïde

Le surpoids androïde

Il est localisé au niveau de l'estomac, du ventre, du thorax, des bras, du cou, du visage et des épaules. Cette surcharge graisseuse serait responsable de complications métaboliques telles que l'hypertension artérielle, le diabète, l'hypercholestérolémie et d'accidents cardio-vasculaires (infarctus du myocarde...). Il caractérise l'embonpoint typiquement masculin. Certaines femmes présentent toutefois une surcharge pondérale de type androïde.

Pourquoi l'homme maigrit plus vite que la femme

Souvent, l'homme enrobé se contente de supprimer le pain, l'alcool et les sucreries pour voir son poids retourner rapidement à la normale. Triste constat pour celles qui se mettent constamment au régime pour perdre péniblement un ou deux kilos repris aussitôt.

Le métabolisme de l'homme est ainsi fait qu'il brûle plus de calories et stocke généralement moins de graisses. En mémoire des famines et des privations, le corps de la femme a tendance à s'enrober pour pallier les besoins d'une éventuelle grossesse. De plus, l'homme possède moins d'adipocytes (cellules graisseuses) que la femme. Injuste, la nature ? Pas tant que cela. En effet, même si elles sont plus rondes, les femmes vivent en moyenne plus longtemps que les hommes.

La femme doit être mince... mais l'homme peut être fort !

La tradition populaire veut que la surcharge pondérale soit associée à la force physique et à la résistance aux maladies, chez l'homme comme chez la femme. C'est pourquoi on dira de l'homme obèse qu'il est «costaud», de la femme présentant un surpoids qu'elle «se porte bien».

En effet, une personne présentant une surcharge adipeuse possède une masse musculaire proportionnellement plus élevée qu'une personne mince. Car cette masse grasse en excès demande des efforts physiques supplémentaires. Conclusion : le système musculaire se développe. La masse corporelle en surplus de l'obèse est donc constituée de tissus adipeux, mais aussi de muscles.

Comment rester mince en travaillant la nuit

Le fait de travailler la nuit bouleverse le rythme naturel veille/sommeil de l'être humain qui a tendance à manger durant cette période habituellement réservée au jeûne, et pour cause, sans modifier outre mesure les habitudes alimentaires de la journée. Résultat : l'apport calorique global sur 24 heures est supérieur à celui d'une personne travaillant de jour.

Pour éviter de prendre du poids si vous travaillez de nuit, remplacez le sandwich ou la part de gâteau par un yaourt, un fruit et une tisane. Et pensez à vous hydrater régulièrement en buvant beaucoup d'eau, notamment si vous travaillez en milieu hospitalier, généralement surchauffé.

Un homme de poids

Il est également intéressant de noter que les hommes ronds sont mieux tolérés au sein de la société que leurs homologues féminines, d'autant plus s'ils occupent un poste à responsabilité. Etre un homme de poids, c'est aussi être un homme d'influence et de pouvoir.

Pour rester mince, petit déjeunez !

Pour ne pas affronter la salle de cours le ventre vide, voici quelques exemples de petits déjeuners équilibrés vite préparés, vite avalés :

● **un jus de fruits frais et une tartine de pain complet légèrement beurrée**

● **un bol de céréales arrosé de lait demi-écrémé**

● **un bol de lait demi-écrémé additionné d'une cuillerée à café de cacao maigre, avec une tartine de pain grillé/confiture**

● **un fruit frais et un yaourt, avec un grand verre d'eau**

● **un petit bol de fromage blanc à 20 % de matière grasse mélangé avec une banane coupée en rondelles...**

Il est courant que les adolescentes n'aient pas faim le matin. Rien ne s'oppose alors à ce qu'elles glissent dans leur sac à dos une pomme ou un petit sandwich pain complet/poulet, ou encore une poignée de fruits secs qu'elles grignoteront à la pause, plutôt que de se couper l'appétit avec une barre chocolatée riche en graisses, en sucres et donc en calories.

L'adolescente et son poids

A l'adolescence, le corps et la personnalité sont en pleine mutation. La jeune fille doit, si ce n'est déjà fait, adopter et conserver d'excellentes habitudes alimentaires.

Les modifications liées à la puberté

Entre 10 et 15 ans, parfois avant, parfois plus tard, la jeune fille voit son corps se transformer sous l'influence des hormones sexuelles féminines. Les formes s'arrondissent, notamment au niveau des cuisses, des hanches et bien sûr de la poitrine.

La petite fille maigre, qui mangeait tout ce qu'elle voulait, peut alors voir son corps s'arrondir plus qu'elle ne le souhaiterait. La fillette enveloppée peut, quant à elle, devenir svelte, notamment si elle adopte à la période de la puberté une bonne hygiène de vie, ou qu'elle subit une «crise de croissance» importante.

Le rôle des parents est de préparer des repas sains et équilibrés. Souvent, l'adolescence s'accompagne d'un phénomène de rejet vis-à-vis des habitudes de vie familiales. La jeune fille peut alors se tourner vers une alimentation grasse et sucrée (viennoiseries, pâtisseries, frites, hamburgers). La tâche des parents responsables est d'informer leur enfant sur le fait que cette alimentation déséquilibrée est mauvaise pour la santé et peut, à la longue, mener sur les chemins du surpoids et de la maladie.

Nourrissez-vous correctement

On ne le répétera jamais assez : à l'adolescence (comme à toutes les périodes de la vie), il est fondamental de prendre un vrai petit déjeuner avant de commencer la journée. Pourtant, de nombreuses jeunes filles continuent à se lever au dernier moment et partent le ventre vide. Résultat : elles se jettent sur le repas de midi (si elles peuvent patienter jusque-là), ou s'achètent sur le chemin du lycée des viennoiseries bourrées de lipides et de sucre ou encore grignotent toute la journée, ce qui facilite l'accumulation des kilos et l'apparition de cellulite.

Le sport comme aide-minceur

Les enfants exercent de plus en plus jeunes une activité sportive en dehors du temps scolaire. A l'adolescence, deux cas de figures se présentent :

● soit les jeunes gens persistent dans cette activité sportive, qui devient une véritable passion. Ils pratiquent plusieurs heures par semaine, peuvent même aller en championnat ;

● soit ils consacrent le temps autrefois accordé à cette activité à une nouvelle passion : dialogue avec des amis, jeux de rôles, informatique ou... travail scolaire, par la force des choses !

Néanmoins, même si l'adolescence est l'époque de toutes les découvertes, il faut continuer à exercer une activité sportive, même si c'est de manière moins intensive qu'auparavant. Elle développe et renforce le système musculaire, permet d'éliminer les toxines accumulées par une alimentation pas toujours très équilibrée, sert d'exutoire aux angoisses propres à l'adolescence, encourage l'esprit d'équipe. Chez les jeunes filles, elle permet une meilleure répartition des adipocytes (cellules graisseuses), qui ainsi s'accumuleront moins sur les cuisses et les fesses.

Pour prévenir le surpoids

De nombreuses enquêtes sur le comportement alimentaire des adolescentes prouvent que ces dernières ont une alimentation déséquilibrée, voire anarchique : elles consomment trop de glucides d'absorption rapide et de lipides (chocolat, frites, hamburgers, bonbons, chips, gâteaux...) au détriment des sucres d'absorption lente et des protéines.

C'est ainsi que les mauvaises habitudes alimentaires s'installent. Certaines jeunes filles ont la «chance» de ne pas prendre de poids durant cette période d'alimentation débridée, car leur métabolisme de base compense ces excès ; en revanche, elles risquent de grossir durant les années suivantes si elles continuent à se nourrir de manière déséquilibrée. D'autres forcissent dès les premières semaines d'alimentation trop riche, puis suivent un régime de famine, pour ensuite recommencer à manger de manière déséquilibrée : un cercle vicieux s'installe, leur corps joue au yo-yo, elles ont de plus en plus de difficultés à reperdre du poids. Parfois, un peu de cellulite peut apparaître.

Il ne s'agit pas d'essayer systématiquement le dernier régime à la mode, mais d'adopter une alimentation équilibrée, suffisante pour ses besoins, mais pas trop riche... sauf dans le cas d'une obésité franche, où il convient de consulter son médecin pour enrayer le processus.

Les troubles du comportement alimentaire

L'anorexie et la boulimie sont des troubles alimentaires qui touchent plutôt les femmes que les hommes. Ils apparaissent souvent à l'adolescence, étape charnière par excellence. Parfois, la frontière est mince entre ces deux troubles, et l'on voit d'anciennes anorexiques devenir boulimiques, ou inversement.

Le rôle de l'entourage est fondamental pour lutter contre ces pathologies. L'anorexie peut débuter par un petit régime anodin. Pourtant, quand la jeune fille atteint le poids qu'elle s'était fixé, elle continue à se restreindre. Si l'amaigrissement est trop important et met la vie en danger, une hospitalisation peut être demandée. Pour ne pas en arriver là, il est recommandé aux parents d'être vigilants et de toujours privilégier le dialogue.

Au menu

Il faudrait donc s'habituer à prendre :

● un bon petit déjeuner ;

● un en-cas énergétique vers dix-onze heures (quelques fruits secs, une tranche de pain complet...) ;

● un déjeuner suffisant ;

● un goûter (pomme, yaourt...) ;

● un dîner léger.

Les différents symptômes

Généralement, ces manifestations surviennent dans la semaine précédant les règles. Elles sont variées :
● **Gonflement et douleurs dans les seins.**
● **Douleurs dans le bas-ventre.**
● **Gonflement du ventre.**
● **Phénomène de jambes lourdes.**
● **Trouble du transit intestinal.**
● **Prise de poids.**
● **Crampes.**
● **Migraines.**

Mais également

● **Insomnie.**
● **Fatigue.**
● **Irritabilité.**
● **Etat anxio-dépressif...**

Le syndrome prémenstruel

Nombreuses sont celles qui se plaignent de ressentir, avant les règles, des troubles physiques et/ou de l'humeur. On reproche aussi au syndrome prémenstruel d'induire une prise de poids passagère.

Les troubles qui précèdent les règles

Le syndrome prémenstruel est l'ensemble des manifestations physiques ou psychologiques survenant entre la phase ovulatoire et les règles (soit pour une femme normalement réglée entre le 15e et le 28e jour du cycle), plus ou moins handicapantes selon le moment où elles apparaissent et leur importance.

Les conséquences du syndrome prémenstruel

Il n'est pas rare que les femmes prennent de 1 à 3 kg dans la semaine précédant les règles. Les seins sont gonflés et douloureux, le ventre ballonné, les hanches, fesses et cuisses s'enrobent, les doigts sont boudinés, le visage, et particulièrement le cou et les paupières, tuméfié. Généralement, ces kilos repartent aussi vite qu'ils sont venus dès l'apparition des règles. Il s'agit de rétention hydrosodée (l'organisme retient l'eau et le sel). Le syndrome prémenstruel serait dû à une modification brutale de la sécrétion hormonale.

Autre point noir du syndrome prémenstruel : l'appétit a tendance à augmenter entre le moment suivant l'ovulation et la survenue des règles. Résultat : comme vous mangez plus, vous stockez cet excès d'énergie sous forme de graisse. Normalement, l'appétit se régulant après les règles, et diminuant au moment de l'ovulation, vous devez reperdre ces réserves inutiles. Mais ce n'est pas toujours le cas. Au fil des années, les kilos peuvent s'accumuler.

Pour lutter
contre le syndrome prémenstruel

Quelques conseils

● D'abord, adoptez une bonne hygiène de vie en évitant de grignoter en général et durant la deuxième moitié du cycle en particulier. Evitez notamment les aliments gras et sucrés, riches en calories. Si vous avez une fringale, buvez un grand verre d'eau ou croquez une pomme.

● Limitez également votre consommation de sel, sans supprimer totalement ce dernier, pour ne pas aggraver le phénomène de rétention hydrosodée.

● Pratiquez régulièrement une activité sportive. Si vous êtes très fatiguée dans la période précédant vos règles, inutile de vous forcer à vous rendre au stade. En revanche, reprenez votre activité dès la semaine suivante. Vous devez travailler sur le long terme.

Les «trucs» ayant fait leurs preuves

Les vertus des plantes sont connues depuis des millénaires. A ce jour, nombreuses sont les femmes qui atténuent les désagréments du syndrome prémenstruel en prenant durant la 2ᵉ moitié du cycle des gélules d'huile d'onagre et d'armoise. L'onagre aurait un effet sur les prostaglandines, substances agissant au niveau du cycle menstruel, tandis que l'armoise, également connue pour calmer les règles douloureuses, diminuerait les symptômes inhérents au syndrome prémenstruel.

Les traitements traditionnels

Votre médecin est seul juge pour vous prescrire le traitement qui convient le mieux à votre cas. Il pourra vous prescrire :

● Un traitement à base d'hormones progestatives.

● Un traitement à base d'hormone estrogène naturelle.

● La prescription d'une pilule ou mini-pilule estro-progestative, bloquant l'ovulation.

● Un traitement antiprostaglandine (car les prostaglandines augmentent durant la seconde moitié du cycle).

● Un diurétique, agissant sur la rétention hydrosodée.

● Un phlébotonique, diminuant la sensation de jambes lourdes et agissant sur la rétention hydrosodée.

Pour lutter contre le gonflement des jambes

Peut-être ressentez-vous, à certains moments du cycle, et notamment durant la deuxième moitié (14ᵉ au 28ᵉ jour), des lourdeurs dans les jambes, accompagnées de sensations de picotement, de démangeaison, de cuisson... Pour pallier ce désagréable phénomène, il existe des procédés simples et efficaces :

● Dormez les jambes légèrement surélevées en glissant des cales sous les pieds de votre lit.

● Evitez de rester debout trop longtemps à piétiner.

● Si vous travaillez assise, ne croisez pas les jambes pour faciliter la circulation sanguine et levez-vous toutes les heures pour faire quelques pas afin de relancer la pompe de Lejars, qui joue un rôle fondamental dans le retour veineux.

● Non au chauffage par le sol.

● Bannissez les vêtements qui serrent la taille et les jambes : jupes ajustées, pantalons moulants...

● Evitez les bains chauds, les expositions prolongées au soleil, l'épilation à la cire chaude.

● Profitez des bienfaits des massages : allongée sur le dos, les jambes semi-fléchies au-dessus de vous, passez vos mains en collier autour de votre cheville, et massez doucement mais fermement de la cheville à la naissance de la cuisse.

D'un trimestre à l'autre

Durant le 1er trimestre de la grossesse, les nausées et les vomissements sont fréquents. C'est pourquoi il n'est pas rare de ne pas manger plus, voire de manger moins qu'en temps normal. Au cours du 2e et du 3e trimestre, vous devrez augmenter votre ration calorique de 200 à 400 calories par jour. Mais vous n'en ferez pas une obsession : en général, le corps régule automatiquement son appétit.

Le compte est bon

Le poids idéal du bébé né à terme oscille entre 3 kg et 3,250 kg. Si la femme a pris entre 10 et 12 kg, on considère que la prise de poids est répartie de la manière suivante :
● Bébé : 3 à 3,500 kg.
● Placenta : 500 à 800 g.
● Liquide amniotique : 500 g à 1 kg environ.
● Seins et utérus : 1 kg à 1,700 kg environ.
● Sang et eau : 2500 g environ.
● Graisse : 3 à 4 kg.
Il faut quelques semaines, voire quelques mois, pour que vous retrouviez votre poids antérieur. L'utérus doit reprendre sa taille normale, les seins diminuer de volume, l'eau et le sang en surplus s'éliminer naturellement.

Les kilos de la grossesse

Prendre du poids pendant sa grossesse est nécessaire au bon développement de l'enfant. Mais il n'est pas toujours facile, par la suite, de se défaire des kilos accumulés ! Rassurez-vous : rester ronde après une maternité n'est plus une fatalité.

Une alimentation suffisante, pas abondante !

Dès que le test de grossesse vire au positif, la femme se sent impartie d'une grande mission puisqu'il s'agit de donner la vie à un petit être totalement dépendant d'elle. Elle fait donc particulièrement attention à manger suffisamment pour que son enfant reçoive tout ce dont il a besoin. De plus, des phénomènes de variations hormonales peuvent parfois favoriser l'appétit et ce dès les premières semaines de grossesse : certaines femmes sont en proie à de véritables fringales et, parallèlement, les tissus des seins et du ventre gonflent. Résultat : la balance accuse une prise de poids importante avant la fin du 1er trimestre.

Chaque amie, belle-mère ou sœur y va de son petit conseil : il faut satisfaire toutes les «envies», même les plus saugrenues, sous peine de nuire à l'enfant... Il faut manger comme deux pour ne pas perdre ses cheveux ni ses dents... Il faut boire de la bière pour faciliter la lactation... et autres conseils tout aussi fantaisistes !

En réalité, il est recommandé de prendre environ un kilo par mois. Mais plus vous étiez ronde au départ, plus vous aurez intérêt à surveiller votre poids tout au long de la grossesse. Si vous étiez mince ou maigre, vous pourrez vous permettre de prendre un peu plus de poids, sans toutefois gagner plus de 12 à 15 kg.

L'idéal est de respecter les besoins naturels de votre corps : beaucoup de glucides complexes, des protéines en apport suffisant, et un peu de lipides (voir Chapitre 3 : Connaître les besoins de votre corps : vos besoins journaliers).

Peut-être serez-vous, durant votre grossesse, en proie à un appétit excessif ; rien ne s'oppose à ce que vous mangiez un peu plus, si vous privilégiez l'apport d'aliments peu caloriques : légumes cuits ou crus, produits laitiers maigres ou allégés, fruits. Si vous prenez plus de 12 ou 15 kg pendant votre grossesse, vous présenterez après l'accouchement un surpoids dont vous aurez toutes les peines à vous débarrasser. Raison de plus pour surveiller - sans tomber dans l'excès inverse - votre alimentation. Et n'hésitez pas à boire beaucoup entre les repas.

Pour mincir : allaitez !

Rien de plus efficace pour reperdre les kilos gagnés pendant la grossesse que d'allaiter son enfant. En effet, le fait d'allaiter brûle entre 300 et 600 calories par jour. L'organisme puise dans la graisse emmagasinée pendant la grossesse autour des cuisses et des fesses l'énergie nécessaire pour fabriquer le lait. Si, parallèlement, vous surveillez votre alimentation sans vous carencer en produits laitiers (allégés), en fruits et légumes ni en protéines, vous perdrez du poids, naturellement.

Votre kiné peut vous aider

Après votre grossesse, vous avez droit à 10 séances chez le masseur-kinésithérapeute de votre choix, remboursées intégralement par la Sécurité sociale, pour vous aider à retrouver votre tonus musculaire d'antan. L'idéal est de commencer deux à quatre mois après l'accouchement; Trop tôt, le corps n'a pas pu encore retrouver son équilibre ; plus tard, les kilos sont déjà bien installés et les muscles «ramollis».

Choisissez de préférence un kiné disponible, c'est-à-dire qui reste à vos côtés durant toute la séance. Il peut en effet arriver à certains thérapeutes de travailler en roulement avec plusieurs patientes, installées dans des boxes séparés. Après une grossesse, il est également important de soulager les maux de dos par des massages, avant de commencer à pratiquer des exercices de gymnastique.

Sans doute votre kiné vous demandera-t-il de répéter certains exercices chez vous : astreignez-vous à les pratiquer dix minutes chaque matin ou chaque soir, pour retrouver plus rapidement votre silhouette de jeune fille.

Des seins de rêve après la grossesse

Contrairement aux idées reçues, ce n'est pas l'allaitement qui est susceptible d'abîmer la poitrine, mais la variation de volume de celle-ci. Les seins gonflent pendant la grossesse, pour enfler encore durant l'allaitement, puis perdent du volume au sevrage.

Evitez de prendre ou de perdre du poids trop rapidement ; de même, veillez à sevrer Bébé progressivement.

Un conseil : durant toute votre grossesse et la durée de votre allaitement, massez votre poitrine avec de l'huile d'amande douce, et portez un soutien-gorge adapté, même la nuit si votre poitrine est particulièrement pesante. Chaque matin, terminez votre douche par un jet d'eau froide sur chaque sein. Il faut être courageuse, mais c'est radical !

Enfin, sachez que la natation est souveraine pour tonifier et développer les muscles pectoraux. Des mouvements adaptés avec de petites haltères de 500 g ou de 1 kg vous permettront également de remuscler vos pectoraux, qui font office de soutien-gorge naturel.

Le DIU, ou stérilet

Le stérilet est un petit appareil posé par le médecin dans la cavité utérine pour éviter à l'œuf fécondé de se nicher dans la muqueuse. Il est généralement fabriqué en polyéthylène, recouvert partiellement de cuivre.

Il est indiqué à celles qui ne supportent pas, physiquement ou psychologiquement, la pilule. La pose n'est pas agréable, mais indolore. Après, on est tranquille pour deux à quatre ans.

L'inconvénient du stérilet (et de la pilule) est de ne pas protéger des MST. L'utilisation de préservatifs reste obligatoire pour les femmes à partenaires multiples. Autre désagrément du stérilet : les règles peuvent être plus abondantes. En cas d'hémorragie, il faut consulter immédiatement son médecin.

Curieusement, certaines femmes prennent du poids après la pose d'un stérilet. Des médecins expliquent ce phénomène par le fait qu'elles se sentent en quelque sorte «castrées», «incomplètes» et compensent en mangeant davantage.

Poids et pilule

Les contraceptifs oraux d'aujourd'hui n'ont plus rien à voir avec la pilule trop dosée de nos mères. Il convient néanmoins de faire le point sur les pilules que l'on trouve sur le marché, et leur influence sur votre poids.

Les hormones de la pilule

La «pilule» est un comprimé contraceptif composé de deux hormones synthétiques : des estrogènes et un progestatif. Ces hormones ont l'avantage de bloquer l'ovulation, ce que l'on n'obtiendrait pas avec des hormones naturelles.

Pilule et prise de poids

Nous, les femmes, avons tendance à incriminer la pilule en cas de prise de poids. Elle nous sert de bouc émissaire ! Avant de l'accabler de tous les maux, il convient de faire le point.

Pilule et rétention d'eau

Il est exact que les estrogènes en excès (qu'ils soient naturels ou synthétiques), peuvent provoquer une rétention hydrosodée (rétention d'eau et de sel). A la fin de chaque cycle, avant les règles, vous pouvez vous sentir gonflée au niveau du cou, des paupières, des doigts, mais aussi au niveau du ventre, des hanches, des cuisses et des fesses, et surtout des jambes. Mais ce phénomène se produit également chez certaines femmes qui ne sont pas sous contraceptif oral.

Parlez-en à votre médecin afin qu'il vous prescrive une pilule mieux adaptée à votre cas.

Pilule et masse graisseuse

La pilule peut augmenter la masse graisseuse au niveau des hanches, des cuisses et des fesses. Les hormones synthétiques, qui exercent une influence sur l'enzyme lipoprotéine-lipase ou sur l'hormone insuline, peuvent favoriser l'apparition de masses graisseuses chez les personnes prédisposées à la prise de poids. Dans ce cas, parlez-en à votre médecin pour qu'il envisage avec vous un autre moyen de contraception.

La pilule augmente l'appétit

Toutes les pilules, qu'elles soient à base d'estrogènes ou de progestérone, peuvent augmenter l'appétit. Des nausées peuvent également apparaître.

Il faut savoir que la femme qui ne prend pas la pilule voit son appétit varier tout au long de son cycle menstruel : il est plutôt moyen durant la période allant du premier jour des règles jusqu'à la période ovulatoire, plutôt faible pendant la période ovulatoire, et plus important durant la deuxième moitié du cycle (c'est-à-dire de la période post-ovulatoire à la survenue des règles).

La prise de la pilule contraceptive a tendance à gommer ce phénomène (puisqu'il n'y a pas d'ovulation) et à réguler l'appétit.

Pour ne pas prendre de poids, trichez : consommez des aliments peu caloriques (bâtonnets de carottes, laitages à 0 % de matière grasse...) et faites du sport afin de remplacer la masse grasse par de la masse maigre.

Les différentes pilules contraceptives

Il existe une multitude de pilules contraceptives. Pour schématiser, nous dirons que plus une pilule est dosée en hormones de synthèse, plus le risque de prendre du poids est élevé.

Il existe toutefois une pilule appelée la «micro-pilule» particulièrement intéressante pour celles qui ont tendance à prendre du poids avec les contraceptifs oraux traditionnels, et à le reperdre dès l'arrêt de ces dernières.

La «micro-pilule» est un contraceptif oral contenant une faible dose de progestatifs (cinq fois moins en moyenne que pour les «mini-pilules»), et pas du tout d'estrogènes.

Elle est prescrite aux femmes pour lesquelles les pilules traditionnelles sont contre-indiquées pour cause d'hyperlipidémie, diabète, hypertension artérielle, mais également prise de poids, gonflement des tissus, rétention d'eau.

Leur seul inconvénient est leur prise permanente, sans arrêt pendant les règles (soit 28 jours sur 28), l'irrégularité ou l'absence de règles, les petits saignements durant le cycle, et surtout leur prise à heure fixe pour éviter les grossesses indésirées.

Les hormones de la pilule

● **L'éthynil estradiol**

Il est indispensable pour maintenir un cycle artificiel et notamment les «règles» tous les 28 jours.

En cas de surdosage, ou de dosage inadapté à votre profil, vous pouvez être sujette à des gonflements des tissus et particulièrement des seins, des troubles veineux, de la rétention d'eau... De nos jours, il existe une large variété de pilules plus ou moins dosées en éthynil estradiol (entre 20 et 100 microgrammes par comprimé), si bien que chacune peut, avec son médecin, trouver le contraceptif oral qui lui convient.

● **Le progestatif**

Il sert à bloquer l'ovulation afin d'éviter une grossesse. Une pilule contraceptive trop dosée en progestatif peut entraîner une augmentation de l'appétit et par conséquent du poids.

Pour éviter la «gonflette»

Mettez-vous au régime sans sel pendant les cinq jours précédant vos règles, et durant les trois premiers jours de celles-ci. Vous éviterez ainsi de garder l'eau dans vos tissus.

La périménopause

Avant la ménopause proprement dite, la femme entre dans une période de périménopause qui peut durer de un à six ans. Elle est ponctuée d'irrégularités du cycle (cycles trop longs ou, en revanche, trop courts), de maux de tête, de gonflements des tissus du ventre et des seins, et parfois de polypes ou de fibromes utérins.

Dix kilos en trente ans

Entre l'âge de vingt et de cinquante ans, les femmes prennent environ 10 kg. Ce phénomène peut s'accélérer à la ménopause, si la femme ne suit pas de traitement hormonal de substitution. Dans le cas contraire, il n'y a aucune raison pour que son poids augmente brutalement à cette période. Parfois d'autres facteurs entrent en ligne de compte pour faciliter la prise de poids : changement de mode de vie, grignotage, arrêt du sport... De plus, la masse maigre (les muscles) a tendance à fondre à la ménopause. Raison de plus pour continuer (ou commencer) à exercer une activité physique.

Poids et ménopause

Entre quarante-huit et cinquante-deux ans, la femme connaît sa ménopause. Les règles disparaissent ; d'autres symptômes peuvent apparaître. Pendant longtemps, on a considéré cette période comme «l'âge auquel on s'arrondit». Aujourd'hui, des traitements bien adaptés, couplés à une hygiène de vie intelligente, permettent de continuer à vivre comme avant.

La ménopause

Comme la puberté, la ménopause est une étape naturelle dans la vie de la femme. Pour schématiser, elle correspond à l'arrêt de l'activité ovarienne : il n'y a plus d'ovulation ni de production d'hormones féminines par les ovaires (mais encore par les glandes surrénales). Il y a donc arrêt définitif des règles et de la fertilité.

Le traitement hormonal de substitution

Votre médecin pourra vous prescrire un traitement pour que vous vous sentiez aussi bien qu'avant. Généralement, on prescrit en période de périménopause un progestatif se substituant à la progestérone qui n'est plus sécrétée par l'organisme. L'équilibre hormonal est ainsi rétabli.

A la ménopause, on propose un traitement hormonal de substitution, c'est-à-dire remplaçant les hormones qui ne sont plus sécrétées par l'organisme. Ce traitement permet de supprimer ou d'atténuer les célèbres «bouffées de chaleur», mais également les troubles du sommeil, les douleurs articulaires, l'anxiété et la fatigue. Il a également un effet bénéfique sur la sécheresse vaginale, l'incontinence urinaire et le vieillissement de la peau. Ce traitement associe deux hormones sécrétées par les ovaires en période d'activité génitale : les œstrogènes et les progestatifs.

Ostéoporose : attention, danger !

Le traitement de substitution a également un effet bénéfique sur la perte de la masse osseuse qui apparaît généralement après la ménopause. L'ostéoporose provoque, à la longue, un tassement des vertèbres et une réduction de la taille par une fragilité osseuse (la célèbre fracture du col du fémur de la femme du 3e âge).

Parallèlement, vous veillerez à consommer suffisamment de

laitages, et ce dès l'adolescence. L'activité physique et le soleil ont également un effet bénéfique pour prévenir l'ostéoporose.

Pourquoi ne pas rester mince ?

Dès la périménopause, les graisses installées sur les cuisses et les fesses ont tendance à migrer vers le ventre et la taille. La silhouette gynoïde devient plus androïde. Les hormones masculines, sécrétées par les glandes surrénales, ne sont plus compensées par la sécrétion d'œstrogènes et de progestérones (hormones féminines). Le traitement de substitution compense la défaillance des ovaires. Résultat : la femme garde plus longtemps sa silhouette gynoïde. De plus, ce traitement diminue les risques d'accidents cardio-vasculaires.

L'alimentation qui vous convient

Pour manger autant tout en brûlant plus de calories, il existe quelques astuces :

● Le fait de digérer des aliments brûle des calories. Morcelez donc vos prises alimentaires en cinq petits repas : un petit déjeuner, une pause vers 10 h 30, un déjeuner léger, un goûter, un dîner léger (pour un apport calorique égal à celui que vous apportaient trois repas par jour). Mais attention ! que cette nouvelle manière de manger ne devienne pas la porte ouverte au grignotage !

● Ne mangez pas entre les repas. Comme ils sont au nombre de cinq, vous serez à l'abri de la sensation de faim !

● Privilégiez les aliments riches en protéines, dont la digestion brûle plus de calories.

● Evitez les glucides rapides et limitez les lipides. En revanche, ne vous privez ni de pommes de terre, ni de pâtes, ni de céréales complètes, en quantité raisonnable cependant.

● Continuez à exercer une activité physique. En effet, la masse musculaire, dont l'entretien, même au repos, nécessite une forte dépense calorique, a tendance à diminuer. D'où une dépense d'énergie abaissée, sauf dans le cas d'une masse musculaire inchangée.

● Continuez à boire beaucoup d'eau (1,5 l), de préférence entre les repas.

● Enfin, profitez de cette période pour vous occuper de vous, pour sortir et pour voir des amis. Pourquoi ne pas en profiter pour vous offrir la cure de thalassothérapie dont vous rêvez depuis des années ?

Hormones de synthèse et poids

Peut-être êtes-vous tentée par un traitement hormonal de substitution afin de remédier aux troubles occasionnels par votre périménopause ou votre ménopause : humeur maussade, bouffées de chaleur, maux de tête... Seulement voilà : vous avez peur que ces hormones de synthèse ne vous fassent prendre du poids.

Rassurez-vous : les hormones de substitution (estrogènes et progestatifs) données aux femmes en France sont très proches des hormones naturelles sécrétées par l'organisme féminin de la puberté à la ménopause. Rien à voir avec les hormones de synthèse données à certaines sportives pour développer leur musculature ! Votre médecin est là pour vous conseiller et vous rassurer ; n'hésitez pas à l'interroger.

Pour une vie sexuelle épanouie

Le traitement hormonal de substitution vous aidera à continuer une vie sexuelle «comme avant». Les hormones de ce traitement, en atténuant les troubles liés à la ménopause (déprime, bouffées de chaleur, insomnie), en luttant contre la sécheresse vaginale et en aidant au maintien d'une silhouette harmonieuse, sont vos meilleures alliées.

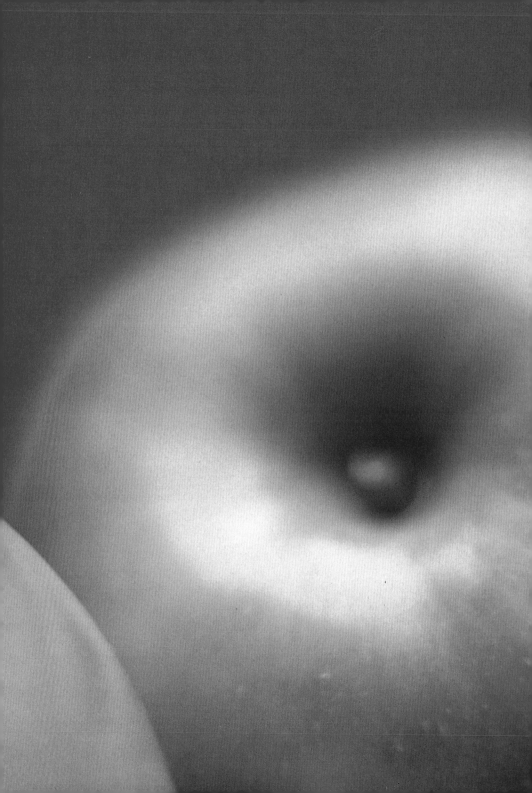

Donnez à votre corps ce dont il a besoin

Pour tout savoir sur l'équilibre alimentaire.

Tout régime basses calories, qu'il soit équilibré ou pas, entraîne obligatoirement un amincissement. Mais la stabilité des résultats dépend de la qualité de votre programme minceur. Voici tout ce qu'il faut savoir pour perdre de la graisse - et non du muscle - sans risquer de carence, et pour longtemps.

Différentes sources de protéines

Les protéines ont deux origines :

● **Les protéines d'origine animale**
On les trouve dans :
- Les viandes, la charcuterie.
- Les poissons, les fruits de mer.
- Le lait et les produits laitiers.
- Les œufs.

● **Les protéines d'origine végétale**
Elles sont présentes dans :
- Les céréales et céréales complètes.
- Le pain, les pâtes.
- Les légumineuses, légumes secs.
- Les fruits secs.

Dans le cadre d'un régime amincissant, vous privilégierez la consommation d'aliments riches en protéines et pauvres en lipides.

Les protéines

Les protéines constituent l'armature de base de notre corps. Il faut en consommer suffisamment chaque jour, car notre organisme ne sait pas les fabriquer.

Petite définition

Appelées également protides, les protéines sont présentes dans tout notre corps. Il s'agit de molécules de grande taille, composées d'acides aminés. Il existe vingt acides aminés différents. Sur ces vingt acides aminés, huit sont dits indispensables et doivent figurer obligatoirement dans notre alimentation, car notre corps ne peut pas les synthétiser. Ce sont la valine, la leucine, l'isoleucine, la lysine, la thréonine, la méthionine, la phénylalanine et le tryptophane.

Lorsque nous mangeons, les protéines sont transformées en acides aminés. Ces derniers passent alors dans le sang via l'intestin. Ils peuvent alors servir à la construction et au renouvellement des protéines des différents organes.

Quelles protéines consommer

Soucieuse de votre ligne et de votre santé, vous ne savez pas quelles protéines consommer.

Il est vrai que la viande contient beaucoup de protéines de bonne qualité, et généralement les huit acides aminés indispensables à notre organisme. Mais la viande et la charcuterie sont également riches en graisses cachées saturées, dont la surconsommation peut induire un surpoids, mais également un excès de «mauvais cholestérol» (cholestérol LDL).

Les protéines d'origine végétale sont pauvres en graisses, riches en protéines, mais ne contiennent pas certains des huit acides aminés indispensables à notre organisme. Le poisson, quant à lui, est riche en protéines et en graisses insaturées qui jouent un rôle de protecteur des artères. C'est pourquoi il faut privilégier sa consommation.

Pour mincir, mangez des protéines !

La consommation de protéines est particulièrement recommandée dans le cadre d'un régime amincissant. D'ailleurs, pour les grands obèses, il existe ce que l'on appelle des «diètes protéiques (ou protidiques)», effectuées en milieu hospitalier, sous contrôle médical strict. Le patient n'absorbe que des protéines durant une période déterminée d'avance par l'équipe médicale.

Voici quels sont les principaux avantages de la consommation de protéines dans le cadre d'un régime amaigrissant :
L'assimilation des protéines que nous absorbons demande de l'énergie. Ainsi, pour 100 calories apportées par des protéines, 25 calories sont brûlées. Même si elles apportent, comme les glucides, 4 calories par gramme, il faut savoir que le quart de cet apport calorique est brûlé par l'organisme.
De plus, les protéines ne peuvent être stockées. Les protides en excès sont toujours brûlés.
Les protéines calment bien la faim, contrairement aux glucides rapides, qui ont tendance à la stimuler.

Vos besoins journaliers

Un adulte devrait consommer un gramme de protéine par kilo. Pour une femme de 55 kg, un apport quotidien de 55 g de protéines est donc fortement recommandé.
Longtemps, les nutritionnistes ont conseillé un apport de 30 % de protéines d'origine végétale et de 70 % de protéines d'origine animale. Mais ils se sont aperçus que les viandes et les laitages apportaient des graisses cachées ; de plus, les aliments riches en protéines d'origine végétale (céréales, légumineuses...) sont également riches en fibres alimentaires. Ces dernières, outre le fait qu'elles améliorent le transit intestinal, ont un effet satiétogène, jouent un rôle dans la prévention du cancer du côlon et préviennent l'hypercholestérolémie.
C'est pourquoi l'apport quotidien en protéines devrait être envisagé comme suit :
● 30 à 50 % de protéines d'origine végétale ;
● 50 à 70 % de protéines d'origine animale.
Une carence en protéines conduit à une perte de la masse maigre (muscles et viscères), ce qui n'est bien sûr pas souhaitable. Dans le cadre d'un régime amincissant, il faut perdre de la graisse, mais pas du muscle ! C'est pourquoi tout régime amaigrissant excluant partiellement ou totalement les protéines est à proscrire.

Les protéines végétales

**Pour manger végétarien et éviter les carences, soit en lysine, soit en méthionine (deux acides aminés essentiels, que notre corps ne peut fabriquer), il convient d'associer entre eux, au cours du même repas, des aliments riches en protéines végétales. Les céréales et les légumineuses sont à privilégier car elles en contiennent en abondance. Mais, à l'exception du soja, elles ne recèlent pas tous les acides aminés indispensables, devant être apportés par l'alimentation, car le corps ne peut les fabriquer.
En effet, les produits céréaliers (pâtes, riz, pain...) contiennent de la méthionine (l'un de ces acides aminés), mais ne contiennent pas de lysine. En revanche, les légumineuses (lentilles, haricots secs...) contiennent de la lysine, mais pas de méthionine. Si vous souhaitez adopter une alimentation strictement végétalienne, il faut associer, à chaque repas, légumineuses et céréales, par exemple :
● Pâtes (méthionine) et haricots secs (lysine).
● Riz (méthionine) et lentilles (lysine).
● Pain (méthionine) et pois cassés (lysine).
● Maïs (méthionine) et pois chiches (lysine)...**

Les différentes sources de lipides

Vous trouverez des lipides :
● **Dans certains produits d'origine animale :**
- **Produits laitiers.**
- **Beurre, lait, crème, fromages.** Préférez la margarine, le lait demi-écrémé ou écrémé, la crème allégée, les fromages maigres, les yaourts et laitages contenant de 0 à 20 % de matière grasse.
- **Viande et charcuterie.** Le saucisson, les rillettes, le lard, la langue, la côte de bœuf, sont particulièrement riches en lipides, notamment en acides gras saturés. Mieux vaut les remplacer par des viandes maigres comme la dinde, le poulet, le jambon dégraissé, ou des morceaux maigres de bœuf tels que l'araignée, le rosbif, ou même une tranche de rôti.
- **Poisson.** Comme nous l'avons vu, ils sont riches en graisses poly- et mono-insaturées («bonnes graisses»). Il faut noter également qu'un poisson gras comme le thon contient environ 5 g de lipides pour 100 g d'aliments, alors qu'une entrecôte de bœuf, pour une portion de 100 g également, recèlera 12 g de lipides, dont beaucoup de graisses saturées.

Les lipides

Aujourd'hui, une véritable terreur anti-graisses s'est abattue sur nos assiettes. Pourtant, les lipides (ou graisses) sont indispensables au bon fonctionnement de l'organisme. Notre cerveau, par exemple, est constitué de 50 à 70 % de lipides.

Quelques mots sur les lipides

Appelés également corps gras ou graisses, les lipides fournissent 9 calories par gramme, quelle que soit leur nature ou leur origine. Ainsi, un gramme de beurre fournit 9 calories, mais un gramme d'huile végétale aussi. C'est pourquoi il est faux d'affirmer que l'huile est moins grasse que le beurre.

L'erreur vient du fait que les lipides ne sont pas de même nature. On trouve quatre grandes catégories de lipides :
● les acides gras et triglycérides ;
● les phospholipides ;
● le cholestérol.

Une nourriture trop riche en graisses saturées (on les trouve dans la viande, les produits laitiers, les fromages, la charcuterie...), en triglycérides et en cholestérol peut, à la longue, générer des maladies cardio-vasculaires.

En revanche, les graisses poly- et mono-insaturées (on les trouve dans les huiles végétales : huile d'olive, huile de tournesol, huile de colza, mais aussi dans les poissons) jouent un rôle de protecteur des artères. D'ailleurs, certaines études ont démontré que les Esquimaux, qui consomment beaucoup de poisson, développent moins de maladies cardio-vasculaires.

Quelles graisses choisir ?

Un minimum de lipides

Nous avons tendance à consommer trop de matières grasses (l'apport journalier moyen en lipides devrait représenter 25 à 30 % de la ration totale ; mais elle avoisine souvent les 40 % !). Il serait toutefois absurde d'exclure totalement les lipides de notre alimentation, car parmi les acides gras, deux sont dits indispensables (acide linoléique et alpha-linoléique) : en effet, ils ne peuvent être fabriqués par l'organisme. Or, celui-ci en a besoin pour fonctionner normalement.

Un apport quotidien de 9 à 12 g d'acide linoléique et de 1,5 à 3 g d'acide alpha-linoléique est indispensable pour éviter les carences. Cet apport varie selon la taille et le poids de l'individu. L'apport calorique total lipidique est de 15 g x 9 calories : 135 calories. 135 petites calories pour un équilibre parfait !

Lipides et maladies cardio-vasculaires

Comme nous l'avons vu, il existe deux catégories d'acides gras : les acides gras saturés, et les acides gras insaturés.

Les acides gras saturés, que l'on trouve généralement dans les produits d'origine animale (viande, laitages, charcuterie, jaune d'œuf...) jouent un rôle dans l'athérosclérose, provoquant des accidents vasculaires tels que l'infarctus du myocarde.

Les acides gras poly-insaturés (parmi lesquels on trouve les deux acides gras essentiels) sont présents dans les huiles végétales telles que l'huile de tournesol, de maïs, de soja, de pépins de raisin, mais aussi dans les poissons. Leur consommation est donc indispensable. Ils ont une influence bénéfique sur le taux de mauvais cholestérol. Mais attention ! une consommation excessive réduit parallèlement le taux de «bon cholestérol», celui qui protège des accidents cardio-vasculaires.

De plus, ils s'oxydent facilement et peuvent devenir cancérigènes. Pour éviter cette oxydation, associez leur consommation à celle de vitamines C et E.

Les acides gras mono-insaturés peuvent être synthétisés par l'organisme. Leur consommation n'est donc pas indispensable, mais fortement conseillée car ils jouent un rôle prépondérant dans la prévention des maladies cardio-vasculaires. On les trouve en priorité dans l'huile d'olive, l'huile de colza et l'huile d'arachide. En effet, ils ont la propriété d'abaisser le taux de mauvais cholestérol sans diminuer le bon cholestérol.

Lipides et prise de poids

Avant d'être transformés en graisse, les glucides brûlent environ 25 % de leur valeur calorique. Les protéines, nous l'avons vu, ne peuvent être transformées en graisse ; leur excédent est invariablement brûlé. En ce qui concerne les lipides, seulement 5 % environ de leur valeur calorique sont brûlés pour permettre leur stockage en graisse de réserve. Quand on sait qu'un gramme de lipides «coûte» 9 calories, on a intérêt à limiter leur consommation au minimum, c'est-à-dire à 25 % de l'apport énergétique quotidien global lorsque l'on suit un régime amincissant.

● **Dans certains produits d'origine végétale :**
- **Les huiles.**
- **Les margarines.**
- **La lécithine (lécithine de soja).**
- **Les fruits oléagineux.**
- **Les avocats, les noix de coco, le maïs, en moindre quantité...**

De bonnes graisses d'origine animale

Il a été remarqué que les populations cuisinant avec de la graisse d'oie ou de canard développaient moins de maladies cardio-vasculaires que les populations cuisinant au saindoux ou au beurre. Cela s'explique quand on sait que la graisse d'oie et de canard est riche en acides gras mono-insaturés, même s'il s'agit d'un produit constitué à 100 % de lipides d'origine animale.

Amateurs de cassoulet à la graisse d'oie, à vos fourneaux !

Les lipides n'ont pas l'effet satiétogène des glucides lents ou des protéines.

Les différentes sources de glucides

Vous les trouverez :
- **Dans les céréales, les légumes secs, les pâtes, le pain.**
- **Les légumes, et particulièrement les carottes et pommes de terre.**
- **Les produits laitiers (à l'exception du fromage).**
- **Les fruits (fructose).**
- **Le sucre et les produits sucrés.**
- **Les boissons sucrées...**

Le sucre est-il bon pour le moral ?

De récentes études ont démontré que l'absorption de sucre aurait une influence sur le taux de sérotonine sanguin, «l'hormone du bonheur» du cerveau. Ce qui explique pourquoi, en cas de stress, d'irritabilité ou d'angoisse, on est souvent attiré irrémédiablement vers la consommation de sucreries... que l'on «paye» malgré tout 4 calories le gramme !

Pour éviter les effets dévastateurs de la consommation excessive de sucre sur votre tour de hanches, privilégiez l'apport sucre/protéines, évitez la combinaison sucre/lipides (type barre chocolatée, gâteau), et bannissez l'absorption de sucres rapides consommés seuls à distance des repas.

Les glucides

Ne supprimez pas les sucres de votre alimentation ! Ils constituent une source essentielle d'énergie. Ainsi, un organisme privé de sucre puisera dans sa masse musculaire l'énergie dont il a besoin. Vous perdrez alors du muscle, mais pas de la graisse.

Les sucres, source d'énergie

Les glucides représentent une source d'énergie fondamentale pour l'organisme où ils sont présents sous forme de glucose. Ils sont indispensables au cerveau, aux globules rouges, aux reins, mais aussi aux muscles et aux organes.

L'organisme peut les stocker dans les muscles et dans le foie sous forme de glycogène grâce à l'action d'une hormone, l'insuline. Ce glycogène est à nouveau transformé en glucose sous l'action d'une hormone, le glucagon, pour nourrir les cellules lorsque la quantité de sucre dans le sang devient insuffisante.

Sucres simples et sucres complexes

Il existe deux catégories de sucres :

Les sucres simples, ou sucres rapides

On les reconnaît facilement à leur goût sucré. Ce sont : le glucose, le fructose, le galactose, le saccharose, le maltose, le lactose.

Il y a encore quelques années, on croyait que tous les sucres simples étaient rapidement assimilés par l'organisme. Or, c'est faux. Le fructose, par exemple, passe lentement dans le sang, ce qui en fait un aliment compatible (en petites quantités bien sûr) avec un régime amincissant équilibré.

Les sucres complexes, ou sucres lents

Ils sont absorbés lentement par l'organisme et ne sont donc pas disponibles immédiatement. L'amidon : c'est le sucre lent que l'on trouve dans l'alimentation.

A noter : la cellulose est également un dérivé de glucose que l'on retrouve dans une certaine catégorie d'aliments, mais qui ne peut être assimilé par l'organisme. Néanmoins, elle joue un rôle dans l'alimentation (voir dans ce chapitre : les fibres alimentaires).

Dans le cadre d'un régime amincissant équilibré, il faut :

Privilégier les aliments à index glycémique faible, afin de diminuer son appétit et donc son poids. On sait en effet que les sucres rapides, notamment pris en dehors des repas, provoquent une poussée d'insuline, qui elle-même provoque une sensation de faim (la fameuse fringale qui survient peu après une overdose de bonbons).

Consommer des aliments à index glycémique élevé avec modération et jamais de manière isolée.

Choisissez les bons glucides !

Pour savoir quels glucides privilégier

Les glucides doivent représenter 50 à 60 % de la ration journalière globale. Mieux vaut privilégier la consommation de sucres à index glycémique faible plutôt que celle de sucres à index glycémique élevé (se référer au tableau ci-contre pour corriger les idées reçues).

Par exemple, le pain a un index glycémique supérieur à celui du sucre de table. Il y a fort à parier que nombreux sont les candidats au régime amincissant qui pensaient le contraire !

Glucides et dépense d'énergie

Le fait de consommer et de digérer les glucides coûte de l'énergie à l'organisme. Le corps brûle des calories pour rendre les sucres assimilables. En ce qui concerne les glucides, la perte d'énergie est de 15 % environ. C'est moins que pour les protéines, mais plus que pour les lipides !

L'index glycémique

Comme nous l'avons vu, certains sucres simples sont assimilés lentement par l'organisme (c'est le cas du fructose), alors que certains sucres complexes sont rapidement disponibles (comme la pomme de terre par exemple). Cette notion relativement récente remet en cause la notion de sucres lents et de sucres rapides.

Les médecins ont trouvé un nouveau procédé pour classifier les sucres. Il s'agit de mesurer l'amplitude de l'élévation du taux de sucre dans le sang. On appelle cette mesure l'index glycémique. Plus il est élevé, plus le sucre passe rapidement dans le sang. Plus il est bas, plus longue est son assimilation.

Halte aux fringales de sucre !

Consommez des aliments riches en sucres lents et en fibres alimentaires à chacun des principaux repas. N'oubliez pas l'apport protéique du petit déjeuner.

Evitez les sucres cachés entre les repas : café sucré, soda, chewing-gums...

Buvez un grand verre d'eau ou consommez un fruit (qui, nous l'avons vu, est riche en fructose, à l'index glycémique faible) ou encore un yaourt à 0 % de matière grasse dans lequel vous aurez mélangé une cuillerée à café de son, riche en fibres alimentaires, à l'effet satiétogène certain.

Index glycémique de quelques aliments courants consommés seuls
Glucides rapides
Carottes : 133
Miel : 126
Corn-flakes : 119
Pain complet ou blanc : 100
Glucides mi-lents, mi-rapides
Sucre de table : 86
Flocons d'avoine cuits : 85
Pommes de terre : 81
Bananes : 79
Riz : 56 à 83
Petits pois : 74
Spaghetti : 64-66
Oranges : 66
Glucides lents
Lentilles : 30 à 43
Haricots blancs : 23 à 51
Lait, yaourt : 50
Poire, pomme : 47-53
Cerise, raisin, pamplemousse : 32-36
Fructose : 29

D'après D.J.A. Jenkins, *Lancet*, 1981.

Pour combiner boissons alcoolisées et minceur

De nombreuses recettes de cuisine contiennent une petite proportion de boissons alcoolisées. Or, la combinaison «alcool/lipides» a la triste capacité de faire grossir. Rassurez-vous : l'alcool ajouté dans la cuisine s'évapore à la cuisson. Ne reste alors que le goût subtil de la bière, du whisky ou du vin. Or, on brûlerait davantage de calories en consommant des plats succulents que des plats fades : on a donc tout intérêt à les relever de la sorte... avec modération !

Alcool et triglycérides

Les triglycérides sont des lipides indispensables à notre organisme. Un taux de triglycérides élevé peut être abaissé en limitant la consommation d'alcool et de sucres, se transformant en glycérol puis, en association avec les acides gras, en triglycérides.

L'alcool fait-il grossir ?

L'alcool est un nutriment, au même titre que les protéines, lipides et glucides. Seule différence : il ne «nourrit» pas. Mais son apport calorique est bien réel même si, vous allez pouvoir le constater, celui-ci n'est pas systématiquement stocké sous forme de graisse corporelle.

Alcool et énergie

Ce nutriment, qui provient de la fermentation du glucose, détient une valeur calorique non négligeable : 7 calories par gramme.

Pourtant, l'alcool ne nourrit pas, c'est-à-dire qu'il ne peut servir nos dépenses énergétiques. Boire un petit verre pour prendre des forces ou se réchauffer est donc un mythe.

Alcool et calories

Les calories apportées par l'alcool sont immédiatement brûlées par le foie principalement. Or, c'est également le foie qui a pour rôle de détruire les graisses apportées par l'alimentation. Pendant que le foie dégrade l'alcool, il ne peut dégrader les graisses. Résultat : la prise de poids, par les lipides et non par l'alcool comme on serait tenté de le croire, est favorisée.

C'est pourquoi il faut éviter, dans le cadre d'un régime amincissant, de consommer de grandes quantités d'alcool. Mieux, il est conseillé, une fois de plus, d'abaisser sa consommation de graisses si l'on veut continuer de boire deux verres de vin par jour.

C'est donc le duo alcool/lipides qui est particulièrement à déconseiller dans le cadre d'un régime amincissant.

Un plaisir à consommer avec modération

Rappelons que l'alcoolisme est une maladie à traiter en tant que telle, entraînant des conséquences négatives pour la santé et pour la vie sociale et professionnelle de l'individu éthylique (ainsi que pour son entourage).

Une consommation excessive d'alcool peut provoquer des cirrhoses du foie, des troubles neurologiques, des cancers, des pancréatites, augmenter le taux de triglycérides...

Mais boire un verre entre amis est un acte convivial. Il faut néanmoins, selon la formule désormais consacrée (et conformément à la législation), «consommer avec modération». Deux verres de vin par jour, absorbés de préférence pendant les repas, ou un apéritif alcoolisé non sucré peuvent être absorbés quotidiennement sans crainte.

Pour calculer la quantité d'alcool contenue dans votre verre

Vous devez connaître :
● Quelle quantité de liquide contient votre verre ;
● Le degré d'alcool de votre boisson ;

$$\text{Quantité d'alcool (en g)} = \frac{\text{degré d'alcool} \times 0,8 \times \text{volume (en cl)}}{10}$$

Soit pour 25 cl de boisson alcoolisée à 10°
$$\frac{10 \times 0,8 \times 25}{10}$$
= 20 grammes d'alcool (soit 140 calories).

Alcool et cholestérol HDL

Il est désormais reconnu que l'alcool, consommé raisonnablement, aurait un effet bénéfique sur le cœur et les vaisseaux en augmentant le taux de «bon cholestérol».
La consommation de vin rouge semble particulièrement indiquée pour prévenir les maladies cardio-vasculaires. Outre le fait que sa consommation a un effet positif sur l'augmentation du taux de bon cholestérol, le vin rouge contient également des tanins et des polyphénols, qui diminueraient la coagulabilité du sang.
C'est sans doute une des raisons pour lesquelles la population française est moins sujette aux maladies cardio-vasculaires, malgré une alimentation riche en lipides, que celle des Etats-Unis ou des pays nordiques.

LES BESOINS

Valeur calorique de quelques boissons alcoolisées

1 apéritif anisé : 130
1 bière (33 cl) : 125
1 cognac (4 cl) : 190
1 coupe de champagne brut : 80
1 curaçao (4 cl) : 105
1 gin (8 cl) : 195
1 Martini (8 cl) : 128
1 verre de cidre brut (15 cl) : 65
1 verre de cidre doux : 85
1 verre de vin blanc à 10° (15 cl) : 108
1 verre de vin rouge à 11° (15 cl) : 93

Pour éviter les carences

Une alimentation variée et équilibrée est suffisante pour fournir toutes les vitamines dont nous avons besoin. Mais les régimes plus ou moins absurdes auxquels nous soumettons notre organisme peuvent exclure une ou plusieurs vitamines indispensables. En cas de régime strict, il convient d'en informer son médecin afin que celui-ci prescrive, s'il le juge nécessaire, des compléments polyvitaminés. Attention toutefois aux surdosages en vitamines A, D, B3 et B6.

Coenzyme Q10 et vitamines P (bioflavonoïdes)

Non reconnues par les instances internationales, ces deux vitamines constituent pourtant un trésor de bienfaits.
● La coenzyme Q10, ou ubiquinone, détient des propriétés antioxydantes et joue un rôle prépondérant dans la production d'énergie. Elle a le pouvoir de régénérer la vitamine E oxydée. Source : sardine, maquereau, soja, fruits oléagineux, certaines viandes.
● Les vitamines P ou bioflavonoïdes (quercétine, resvératrol) fluidifient le sang et possèdent des propriétés antioxydantes et anti-inflammatoires. Source : ail, oignon, vin, poireaux, thé vert, asperges, choux de Bruxelles, aneth.

Les vitamines

Les compléments alimentaires sont en vogue. Parmi eux, les vitamines sont sur le devant de la scène. A quoi servent-elles au juste ? Quels sont les besoins quotidiens recommandés par les médecins ? Quels risques court-on de s'exposer à des carences en suivant un programme amincissant ?

Une petite définition

Les vitamines sont des nutriments indispensables à l'organisme. Elles doivent être apportées obligatoirement par l'alimentation, car notre corps ne peut les fabriquer.

Néanmoins, la vitamine A peut être synthétisée par l'organisme à partir de la provitamine A présente dans certains végétaux (carotte, abricot...). La vitamine D et la vitamine K peuvent également être fabriquées par notre corps ; la vitamine D grâce à l'ensoleillement sur notre peau, et la vitamine K par les bactéries de l'intestin.

Il existe 2 catégories de vitamines : les vitamines liposolubles (solubles dans les graisses) et les vitamines hydrosolubles (solubles dans l'eau).

Les vitamines liposolubles
● Vitamine A (rétinol)
● Vitamine D, antirachitique (cholécalciférol)
● Vitamine E (tocophérol)
● Vitamine F (voir Acides gras essentiels)
● Vitamine K (phylloquinone)

Les vitamines hydrosolubles
● Vitamine B1 (thiamine)
● Vitamine B2 (riboflavine)
● Vitamine B3, ou PP (ou niacine)
● Vitamine B5 (ou acide pantothénique)
● Vitamine B6 (ou pyridoxine)
● Vitamine B8 (ou biotine)
● Vitamine B9 (ou acide folique)
● Vitamine B 12 (ou cobalamine)
● Vitamine C (acide ascorbique)

	Sources	Propriétés	Apport journalier recommandé
A	Laitages, huile de foie de poisson, jaune d'œufs, foie, légumes (bêta-carotène ou provitamine A)	Acuité de la vision - Qualité de la peau et des muqueuses - Résistance aux infections - Reproduction - Croissance, métabolisme des os - Lutte contre les maladies cardio-vasculaires (bêta-carotène) - Action anti-oxydante	1,5 mg
D	Poissons, huile de foie de poisson, volailles, foie, œufs, beurre, laitages	Croissance - Tonus musculaire	0,025 mg
E	Céréales complètes, huiles végétales, beurre, margarine	Anti-oxydant, anti-vieillissement - Anti-cancer - Lutte contre les maladies cardio-vasculaires	20 mg
K	Poisson, œufs, foie - Légumes verts - Céréales	Coagulation sanguine Calcification	4 mg
C	Kiwi, agrumes, cassis, fraise - Pomme de terre, épinards, cresson, chou	Anti-infectieux - Action bénéfique sur le système immunitaire - Absorption du fer - Synthèse des hormones - Métabolisme des glucides - Lutte contre les maladies cardio-vasculaires	75 mg
B1	Céréales complètes - Légumes et fruits secs Levure de bière - Asperges, choux - Abats, porc, jaune d'œufs	Fonctionnement des cellules nerveuses et du cœur - Métabolisme des glucides	2 mg
B2	Céréales complètes - Viandes, abats - Laitages, œufs - Brocolis, épinards - Levure de bière	Métabolisme des glucides, lipides et protéines	2 mg
B3	Foie, lapin, volailles, porc - Poissons gras - Céréales complètes, légumes secs - Levure de bière	Fabrication et dégradation des protéines, lipides et glucides	20 mg
B5	Viandes, abats, œufs- Champignons, avocats -Cacahuètes - Levure de bière	Synthèse des acides gras - Production d'énergie à partir des lipides et des glucides - Action anti-oxydante	7 à 20 mg
B6	Poulet, foie, œufs - Poisson - Céréales complètes - Fruits secs - Chou, épinards, pommes de terre	Métabolisme des protéines, glucides et lipides - Biosynthèse de la sérotonine	2 mg
B8	Abats, jaunes d'œufs, laitages - Flocons de blé et d'avoine - Levure - Légumes secs - Fruits secs	Synthèse du glucose et des acides gras	100 µg (0,1 mg)
B9	Viande, abats, œufs - Poisson - Céréales complètes, légumes verts - Bananes, tomates - Levure de bière	Biosynthèse des acides nucléiques et des protéines - Action au niveau des globules rouges - Action anti-oxydante	15 mg
B12	Viande, abats - Œufs, laitages, poisson	Fonctionnement des cellules nerveuses - Métabolisme des protéines et acides nucléiques - Action au niveau des globules rouges	2 mg

Vitamines

De précieuses substances

Les sels minéraux et oligo-éléments sont des substances indispensables présentes en petites quantités dans l'organisme. On considère qu'ils constituent 4 % de notre poids. Une carence en sels minéraux et/ou en oligo-éléments peut entraîner certains troubles. Par exemple, une carence en calcium entraîne une fragilité osseuse, tandis qu'une carence en fer peut provoquer une anémie.

Les sels minéraux et oligo-éléments

Tous les aliments contiennent des sels minéraux et oligo-éléments. En vous nourrissant correctement, vous ne devriez, en principe, pas développer de carence. Mais dans le cadre d'un régime amincissant, vous pouvez vous exposer à certains manques. Pour éviter cela, pensez à varier le plus possible votre alimentation.

Les sels minéraux

Présents en plus grande quantité dans l'organisme que les oligo-éléments, ce sont : le calcium, le chlore, le magnésium, le phosphore, le potassium, le sodium, le soufre.

Les oligo-éléments

Ce sont : le chrome, le cobalt, le cuivre, le fer, le fluor, l'iode, le manganèse, le molybdène, le sélénium, le silicium, le vanadium, le zinc.

	Sources	Propriétés	Apport journalier recommandé
Calcium	Lait, laitages	Constitution des os et des dents - Coagulation sanguine -Régulation du système nerveux et du rythme cardiaque	Enfant : 600 à 900 mg selon l'âge Adulte : 800 mg Adolescent, femme enceinte : 1000 mg Femme allaitante : 1200 mg Femme ménopausée, personne âgée : 1000 à 1400 mg
Magnésium	Céréales complètes - Légumes et fruits secs - Légumes verts - Agrumes, pommes - Chocolat - Poisson	Equilibre nerveux et musculaire - Contraction du cœur	350 mg
Phosphore	Laitages, œufs - Viandes, poissons - Légumes et fruits secs	Constitution des os - Production d'énergie disponible pour les cellules	1000 mg
Potassium	Levure, vin - Légumes et fruits secs - Fruits et légumes -Viandes, poissons	Contraction des muscles et du cœur Transmission de l'influx nerveux	4 à 6000 mg

	Sources	Propriétés	Apport journalier recommandé
Sodium	Sel - Charcuterie, fromage, conserves...	Répartition de l'eau dans l'organisme	1000 à 5000 mg
Soufre	Aliments riches en protéines - Ail, oignon	Composition de la structure des protéines	850 mg
Chrome	Céréales complètes - Fruits de mer - Viandes, abats - Jaune d'œuf - Levure, thym, poivre, sucre roux	Métabolisme des glucides, lipides, protéines	0,05 à 0,2 mg
Cobalt	Végétaux à feuilles- Céréales complètes, légumes secs - Jaune d'œuf	Métabolisme des protéines	0,13 µ (.00013 mg)
Cuivre	Céréales complètes - Levure sèche, germe et son de blé - Légumes verts - Fruits de mer, foie - Noix, prunes	Systèmes enzymatiques Combat le stress	2 à 3 mg
Fer	Abats, boudin noir - Viandes, œufs, poissons - Légumes et fruits secs - Légumes verts à feuilles	Formation de l'hémoglobine et de la myoglobine - Activité enzymatique	10 à 20 mg
Fluor	Eau minérale, du robinet - Sel fluoré	Prévention de la carie dentaire	1
Iode	Sel, algues, fruits de mer, poissons - Viandes - Légumes verts, navet, oignon, radis	Synthèse des hormones thyroïdiennes	0,10 à 0,12 mg
Manganèse	Céréales complètes, légumes verts et secs - Thé, noix, gingembre, clous de girofle	Croissance - Elévation de la sécrétion d'insuline - Utilisation du glucose par les cellules	entre 4 et 20 mg
Molybdène	Céréales complètes, légumes secs, soja Œufs	Activité enzymatique	0,1 mg
Sélénium	Céréales complètes, germe de blé, levure de bière - Viandes, œufs, abats - Oignon, ail, chou	Lutte contre les radicaux libres, le vieillissement - Protection des membranes cellulaires - Défenses immunitaires - Coagulation du sang	0,1 mg
Silicium	Céréales complètes - Bière - Betterave et canne à sucre	Croissance osseuse Formation des cartilages	20 à 30 mg
Vanadium	Riz, poivre, graisses végétales - Epinards - Thon, foie de bœuf - Vin, bière	Activité enzymatique - Transport du calcium, sodium et potassium	0,018 à 0,025 mg (18 à 25 µg)
Zinc	Fruits de mer, poissons, foie, agneau - Viande rouge - Céréales, légumes secs	Synthèse des protéines - Utilisation des glucides - Renouvellement des cellules - Cicatrisation - Anti-radicaux libres	10 à 15 mg

Sels minéraux et oligo-éléments

Fibres solubles et fibres insolubles dans l'eau

● **Les fibres solubles**
Elles forment, au contact de l'eau, un gel visqueux et sont souvent utilisées dans l'industrie alimentaire comme épaississant :
- **Les pectines.**
- **Les gommes.**
- **Les alginates, le psyllium.**
- **Le son d'avoine.**
● **Les fibres insolubles**
Contrairement aux fibres solubles, elles ont une structure ligneuse et sont utilisées généralement pour améliorer le transit intestinal :
- **La cellulose.**
- **L'hémicellulose.**
- **La lignine.**

Les aliments riches en fibres

Flageolets
secs.................**25,5 g/100 g**
Soja ....**25 g/100 g**
Pois cassés
secs..................**23,5 g/100 g**
Pois chiches
secs.....................**23 g/100 g**
Figues ....**18,3 g/100 g**
Pruneaux ....**17 g/100 g**
Amandes ....**14,3 g/100 g**
Farine
complète ....**9,5 g/100 g**
Pain complet ....**8,5 g/100 g**
Framboises ....**7,4 g/100 g**
Artichaut ....**6 g/100 g**
Groseilles ....**6,8 g/100 g**
Epinards ....**6,2 g/100 g**
Petits pois ....**6 g/100 g**
Riz complet
sec.....................**4,5 g/100 g**
Riz blanc sec ....**2,5 g/100 g**

Les fibres alimentaires

Longtemps considérées comme des substances sans importance, les fibres alimentaires ont prouvé dernièrement qu'elles détenaient de nombreuses vertus, intéressantes notamment dans le cadre d'un régime amincissant.

Qu'est-ce que les fibres alimentaires ?

Les fibres sont des glucides naturels, formés de la condensation de plusieurs sucres simples. Elles sont présentes dans la plupart des végétaux dont elles constituent le «squelette». C'est pourquoi elles ont cet aspect fibreux, plus ou moins rigide selon les espèces. Mais elles ne jouent pas essentiellement le rôle de charpente de la plante. Certaines fibres alimentaires, tels les mucilages, qui ont la capacité de se gorger d'eau dans l'estomac, sont intéressantes pour leur effet satiétogène (coupe-faim) et leur influence positive sur le transit intestinal.

Les populations des pays industrialisés consomment moins de légumes, de fruits et de céréales qu'autrefois. En 1900, on absorbait environ 30 g de fibres alimentaires contenues dans les légumes, les fruits et les céréales non raffinées. De nos jours, on en consomme seulement 15 g.

Fibres et régime

Les fibres détiennent de nombreux bienfaits. Elles sont notamment précieuses pour les personnes en phase d'amincissement.

Les fibres ne contiennent pas de calories

Les aliments riches en fibres sont moins caloriques, à poids égal, que les aliments équivalents pauvres en fibres ou qui en sont dépourvus.
Exemple : le riz complet est, à poids égal, moins calorique que le riz blanc. Même chose pour la semoule de blé complète et la semoule de blé raffiné.

Les fibres demandent un effort de mastication

Les aliments riches en fibres demandent un effort de mastication. Résultat : comme on mange plus lentement, les aliments restent plus longtemps dans la cavité buccale. Le temps passé à manger (et manger est un plaisir) est donc plus important. Le sentiment de frustration s'amoindrit.

Elles ont un effet coupe-faim

Comme nous l'avons vu, certaines fibres ont la propriété de se gorger d'eau. Or, c'est souvent la sensation de faim qui fait échouer les personnes en phase de régime. Le fait de consommer des fibres solubles diminue cette sensation de faim et permet en outre de «tenir» entre deux repas.

Elles ralentissent l'assimilation des lipides et des glucides

Les fibres alimentaires auraient également la capacité de ralentir voire d'empêcher l'assimilation d'une petite part des lipides et des glucides en les emprisonnant pour les évacuer directement dans les selles, et en agissant sur certaines substances digestives afin de modifier leur activité. Citons pour exemples : Le son de blé qui peut absorber jusqu'à quatre fois son volume d'eau. Le fucus vesiculosus, riche en mucilages non assimilables (et donc rejetés dans les selles), capables de gonfler dans l'estomac et de générer un effet coupe-faim.
L'ispaghul, se transformant en gel visqueux au contact de l'eau, et qui a un effet coupe-faim naturel, détient également la capacité de ralentir l'absorption des glucides et des lipides
Le konjac, riche en glucomannane, est capable d'absorber plus de cent fois son volume d'eau...

Elles permettent de combattre la constipation

Quand on est au régime, on mange moins. Rapidement, le volume du bol fécal diminue et durcit. Des phénomènes de constipation apparaissent. Les fibres alimentaires permettent de suivre un régime sans passer par la case constipation car elles augmentent et fluidifient le bol fécal, sans apporter de calories indésirables.

Autres vertus des fibres
● Prévenir l'apparition de cancers du côlon, moins courants chez les grands consommateurs de fibres alimentaires. En effet, en modifiant la flore bactérienne, et en diminuant le temps de contact des substances cancérigènes avec les parois du côlon, les fibres jouent un rôle bénéfique.
● Prévenir la maladie hémorroïdaire, en rendant le bol fécal plus fluide et plus volumineux.
● Stabiliser le taux de diabète sanguin, en consommant de la pectine et de l'hémicellulose, qui diminuent le pic postprandial en retardant l'absorption des glucides.

La consommation d'aliments riches en fibres est intéressante pour leur effet coupe-faim.

Quelques recommandations

● Le matin à jeun, avant de vous lever si possible, buvez un grand verre d'eau à température ambiante pour faciliter l'élimination des déchets et les échanges cellulaires qui se font mieux en position allongée.

● De même, pensez à boire tout au long de la matinée, pour ralentir l'après-midi.

● Buvez de petites quantités de liquide : pas plus d'1/4 de litre à la fois, pour éviter de distendre l'estomac.

● Ne vous déplacez jamais sans emporter une minibouteille d'eau minérale avec vous, que ce soit au cinéma, en ville ou au bureau.

● Evitez la consommation prolongée d'eau riche en sodium si votre alimentation est déjà riche en sel d'autant plus durant la 2ᵉ moitié du cycle hormonal.

● Bannissez les eaux gazeuses si vous êtes sujette aux ballonnements, colites et flatulences.

● Evitez de boire trop pendant les repas, pour éviter de diluer le bol alimentaire. Buvez plutôt juste avant les repas.

● Ne buvez pas glacé, c'est mauvais pour la digestion.

L'eau, votre amie pour la vie

Notre organisme est constitué à 60 % d'eau, dont les deux tiers se trouvent à l'intérieur des cellules. Il faut boire, tous les jours, environ 1,5 litre d'eau pour maintenir une bonne hydratation au sein de notre corps, et pour éliminer les toxines.

Boire, c'est tout naturel

Si l'on peut survivre au jeûne, il est difficile de vivre plus de quatre jours sans boire. C'est pourquoi il est indispensable de maintenir constamment l'hydratation au sein de l'organisme. Chaque jour, nous perdons environ 0,5 à 1 l d'eau par le biais des phénomènes de transpiration et de perspiration. La chaleur, l'activité physique, augmentent cette perte hydrique. On considère qu'un sportif peut perdre 10 l d'eau en exerçant une activité physique intense par temps chaud. Comptons également l'eau éliminée dans les selles et par la respiration.

Boire pour éliminer les toxines

Environ 40 % de l'eau indispensable à l'organisme sont apportés par l'alimentation, tandis que 60 % doivent l'être par l'absorption de liquides : eau, tisane, bouillon de légumes, jus de fruits, lait, thé, café (en doses limitées)... mais pas d'alcool, ou peu s'en faut : 1 petit verre de bon vin rouge par repas !

Contrairement aux idées reçues, boire ne fait pas maigrir. Certaines personnes s'astreignent à absorber 3 ou 4 litres d'eau par jour, voire plus. Ce comportement, à la limite du pathologique, peut entraîner des troubles graves pouvant aller jusqu'à la mort. D'autre part, les personnes sujettes aux problèmes de cellulite diffuse et à la rétention d'eau risquent d'aggraver le phénomène en se forçant à trop boire. En revanche, dans le cadre d'un régime amincissant, il est conseillé d'absorber un peu plus de liquide que d'ordinaire.

L'eau sert à maintenir l'hydratation et à drainer les toxines. Il faut savoir que le fait de ne pas boire suffisamment (moins de 0,5 l à 1 l par jour) entrave le phénomène d'élimination des déchets par les reins, notamment de l'urée et de l'acide urique.

Eaux minérales	Teneur en calcium	Teneur en magnésium	Teneur en sodium	Conseillée pour...
Badoit	200	100	171	Améliorer la digestion Combattre la carie dentaire Faciliter la consolidation osseuse après une fracture
Contrex	467	84	7	Elimination rénale Conseillée dans le cadre d'un régime amincissant
Evian	78	24	5	Elimination rénale Faciliter la digestion Coupage des biberons
Hépar	555	110	14	Fatigue, irritabilité (magnésium) Conseillée dans le cadre d'un régime amincissant
Perrier	14,5	3	14	Faciliter la digestion
Plancoet	56	10,5	24	Faciliter la digestion
Quézac	252	100	255	Faciliter la digestion Coupage des biberons Elimination rénale
Salvetat	295	15	7	Consolidation des os après fracture
San Pellegrino	206	58	41	Faciliter la digestion
Thonon	103	16	5	Faciliter la digestion Coupage des biberons Elimination rénale
Valvert	67	2	2	Coupage des biberons
Vichy Celestins	90	9	1265	Prévention de la déshydratation Faciliter la digestion Déconseillée dans le cas de tendance à la rétention hydrosodée
Vichy Saint-Yorre	78	9	1744	Prévention de la déshydratation Déconseillée dans le cas de tendance à la rétention hydrosodée
Vittel	202	36	3,8	Prévention des calculs rénaux
Volvic	10	6	9,5	Coupage des biberons Hydratation de la femme enceinte Elimination rénale

L'eau à la carte

Il existe, pour schématiser, trois catégories d'eau à boire. Ce sont :

● **L'eau du robinet**
Sa teneur en sels minéraux et en oligo-éléments, ainsi qu'en nitrates, varie selon la région. Pour être reconnue potable, elle doit répondre à de nombreux critères et est l'objet de contrôles permanents. En outre, elle est très économique.

● **L'eau de source**
Elle doit être potable naturellement, sans subir aucun traitement. Mise en bouteilles à la source, elle est l'objet de contrôles réguliers. Elle ne peut se vanter de vertus thérapeutiques. Seule la mention «convient pour le coupage des biberons» est autorisée sur l'étiquette.

● **L'eau minérale**
En France, l'eau minérale est en vente libre. Contrairement à l'eau de source, elle bénéficie de vertus thérapeutiques reconnues par l'Académie de Médecine. Sa teneur en minéraux doit être stable tout au long de l'année.

Il convient de demander l'avis de son médecin avant de consommer régulièrement la même eau minérale, particulièrement pour les femmes enceintes, les bébés et les enfants.
Les eaux très minéralisées ne sont pas en vente. Leur usage est réservé aux soins thermaux.

Vos besoins en lipides

Les lipides ont deux fonctions principales :

● Ils jouent le rôle de «carburant» au sein de l'organisme.

● Certains lipides, les acides gras, servent le bon fonctionnement de notre organisme.

25 à 30 % de l'apport énergétique global doivent provenir des lipides. Il serait aberrant de vouloir les supprimer totalement, car parmi les acides gras, dont nous avons parlé plus haut, deux sont dits indispensables (acide linoléique et alpha-linoléique), car ils ne peuvent être synthétisés par l'organisme... qui en a besoin pour fonctionner correctement. Un apport quotidien de 9 à 12 g d'acide linoléique et de 1,5 à 3 g d'acide alpha-linoléique est indispensable pour éviter les carences. Cet apport varie un peu selon la taille et le poids de l'individu. L'apport calorique lipidique total est de 15 g x 9 calories = 135 calories. Ce qui est peu élevé quand on sait quelles sont les conséquences d'une carence en acides gras essentiels !

Besoins quotidiens

Que vous soyez en période de régime ou pas, votre corps a besoin, chaque jour, de substances spécifiques. C'est en connaissant parfaitement ces besoins que vous pourrez faire l'impasse sur le superflu, pour perdre de la graisse, pas du muscle !

Besoins quotidiens en protéines

Les protéines sont présentes dans tout notre corps, dont elles constituent le matériau de base. Les organes, les muscles, sont constitués de protéines. Les hormones, les anticorps, les enzymes, sont des protéines.

Lorsque nous mangeons, les protéines sont transformées en acides aminés, qui passent dans le sang et peuvent alors servir à la construction et au renouvellement des protéines du corps. Tous les jours, nous avons besoin d'environ un gramme de protéines par kilo de masse corporelle. Notre organisme ne pouvant stocker les protéines, il faut veiller à absorber quotidiennement son quota, faute de quoi notre corps puisera dans les muscles et organes les protéines nécessaires à son bon fonctionnement. Il faut savoir également qu'une carence en protéines ralentit le métabolisme de l'organisme et diminue ainsi les dépenses énergétiques. Ce phénomène peut, à la longue, entraîner une prise de poids.

Les acides aminés essentiels

Les protéines sont constituées de petits éléments, les acides aminés. Huit d'entre eux sont dits essentiels, car ils ne peuvent être fabriqués par l'organisme et doivent donc être apportés par l'alimentation quotidienne. D'où l'importance de ne jamais se carencer en protéines.

Connaître les sources de protéines

Les produits d'origine animale contiennent généralement les huit acides aminés essentiels.

Besoins quotidiens en glucides

Les glucides constituent une source d'énergie incontournable. Ils peuvent être stockés dans le foie et les muscles, mais pas plus d'une demi-journée. Si l'organisme a besoin de glucides, et qu'il n'en a plus en réserve, il en fabrique à partir de notre tissu adipeux (tant mieux !), mais également à partir de notre masse maigre (muscles, organes). C'est pourquoi il est indispensable de consommer quotidiennement des glucides.

Comme vous le savez maintenant, les aliments qui contiennent des glucides n'ont pas tous le même index glycémique (voir dans ce chapitre la partie «les glucides»). Dans le cadre d'un régime amincissant, mieux vaut privilégier la consommation de sucres à index glycémique faible, capables de nous fournir de l'énergie en petite quantité et sur une durée plus étendue que les glucides à index glycémique élevé.

Connaître les sources de glucides

On trouve de bons glucides lents dans les céréales, pâtes, légumes secs, pommes de terre, pain. Les glucides rapides, à consommer avec modération pour mincir et rester mince, sont présents dans... le sucre, les pâtisseries, confiseries, viennoiseries, sodas...

Vos besoins en vitamines et sels minéraux

Un apport journalier est conseillé par les médecins. Voyez les tableaux figurant dans les parties «les vitamines» et «les sels minéraux et oligo-éléments».

Vos besoins en eau

Ils sont de l'ordre de 1,5 l par jour, mais varient selon la température ambiante et l'activité physique du sujet.

Exemples d'aliments à consommer pour un apport de 50 g de protéines (apport journalier recommandé pour une personne pesant 50 kg) : 100 g de steak haché à 5 % de matière grasse (21 g de protéines) + 1 yaourt nature maigre 125 g (5,5 g) + 100 g de riz complet cuit (2,5 g) + 100 g de merlu (17 g) + 200 g de bette (4 g) = 50 g de protéines	Calories au total : 414 calories dont 192 apportées par les protides, 153 par les glucides et 69 par les lipides
Un quart de poulet rôti (35 g de protéines) + 100 g d'écrevisses (15 g) = 50 g de protéines	321 calories dont 51 apportées par les protides, 14 par les lipides et 1 par les glucides.
100 g de filet de porc (28 g de protides) + 100 g de petits pois (5 g de protéines) + 100 g de fromage blanc nature à 0 % de matières grasses (8 g de protides) + 10 huîtres (11 g de protéines) = 50 g de protéines	352 calories dont 208 apportées par les protides, 71 par les lipides et 73 par les glucides.
Exemple d'aliments glucidiques à consommer quotidiennement dans le cadre d'un régime à 1500 calories pour un apport de 800 calories environ (200 g de glucides) 250 g de pâtes cuites (50 g de glucides, soit 200 calories) + 140 g de lentilles (35 g de glucides, soit 140 calories) + 30 cl de lait écrémé (15 g de glucides, soit 60 calories) + 1 grappe de raisin de 150 g (25,5 g de glucides, soit 102 calories) + 100 g de pain de seigle (50 g de glucides, soit 200 calories) + 300 g de légumes verts type haricots verts (25,5 g de glucides, soit 102 calories)	1049 calories dont : 201 g de glucides, apportant 804 calories ; 205 calories apportées par les protéines ; 40 calories apportées par les lipides.

Calcul des dépenses caloriques pour une femme :

poids x 11 + 1250

Soit pour une femme pesant 60 kg :

60 x 11 + 1250 =
1910 calories

Si ce chiffre coïncide avec votre consommation réelle (calculée grâce aux notes prises dans le petit carnet ou avec la diététicienne), vérifiez si la répartition entre les différents nutriments (glucides 55 à 60 % ; protides 15 % ; lipides 25 à 30 %) est équilibrée, ou faites-le vérifier par la diététicienne. Certains surpoids proviennent d'une mauvaise combinaison entre les trois principales familles de nutriments. Il est également possible que ce surpoids soit installé depuis longtemps même si, depuis, vous avez réduit votre apport calorique journalier, mais pas de façon suffisante pour reperdre ce que vous aviez gagné.

Pour perdre un kilo par mois, il convient d'abaisser son apport calorique de 250 calories par jour. Si cette femme souhaite maigrir de deux kilos par mois, elle devra donc abaisser son apport calorique quotidien de 500 unités soit :

1910 calories - 500 calories
= 1410 calories par jour.

Les règles de base

Il n'est pas toujours aisé de passer de la théorie à la pratique. Voici quelques astuces pour vous aider à vous repérer dans la jungle des calories !

Vos besoins caloriques

Ils dépendent de différents critères :
- La taille.
- Le poids.
- Le sexe.
- L'âge.
- L'activité de l'individu.

Une femme de 45 ans travaillant dans un bureau (activité sédentaire) n'aura pas les mêmes besoins énergétiques qu'un conducteur de travaux !

Vous devez, dans un premier temps, calculer le nombre de calories que vous absorbez dans une journée, en notant scrupuleusement sur un petit carnet tout ce que vous consommez et la valeur calorique de chaque aliment (sans oublier le carré de chocolat croqué en douce ou le sucre dans le café).

Si vous ne parvenez pas à établir vous-même l'estimation calorique de votre consommation journalière, faites-vous aider par une diététicienne sans vous mentir ni lui mentir ! Vous n'êtes pas au tribunal, mais devant une personne qui est là pour vous aider.

Une fois que vous aurez calculé le nombre de calories que vous ingurgitez quotidien-

nement, vous calculerez dans un second temps quelles sont vos dépenses caloriques quotidiennes de base. Voir les formules pour femme et pour homme dans les colonnes sur le côté.

La pyramide alimentaire

Contrairement aux idées reçues, on peut perdre du poids en mangeant de tout, mais pas n'importe comment. Ainsi, faire l'impasse sur le chocolat, si l'on ne peut s'en passer, n'a aucun sens. Il convient juste de remplacer la demi-tablette quotidienne par un carré pris à la fin d'un repas. Se priver de tout conduit rapidement à un sentiment de frustration pouvant mener à l'échec : c'est ce qui se passe quand on «craque».

Cette pyramide symbolise l'alimentation idéale quotidienne, en qualité et en quantité. Plus l'étage de la pyramide est large, plus la famille alimentaire doit être consommée de manière importante, tout en respectant votre «plafond» calorique, et inversement.

LES BESOINS

Calcul des dépenses caloriques pour un homme :
Poids x 16 + 1350
Soit pour un homme pesant 75 kg :
75 x 16 + 1350 =
2550 calories par jour.

D'après Jacques Fricker, in : *Le nouveau guide du bien maigrir*, éditions Odile Jacob, 1996.

Alcool

Sucres simples

Huile, margarine, crème fraîche, beurre (lipides)

Viande, poisson, œufs, charcuterie (protéines)

Lait, yaourt, fromage blanc, fromage, entremets (produits laitiers)

Fruits frais, fruits secs, fruits en conserve, jus de fruits

Légumes (sauf pomme de terre)

Céréales, légumes secs, pâtes, pain, pommes de terre (sucres complexes)

L'alcool

Il fait partie des nutriments, au même titre que les protides, lipides et glucides. Seulement sa consommation n'est pas indispensable, voire est déconseillée, car elle peut engendrer, à la longue et en cas d'excès, des maladies telles que cirrhoses, cancers... De plus, sa valeur calorique est élevée (7 calories le gramme). Un verre de vin rouge à 11° dégage 93 calories (0 protide, 0 lipide, 0 glucide). Sauf en cas de régime strict, rien ne s'oppose à ce que vous savouriez un petit verre de bon bordeaux par repas. Le vin a un effet bénéfique sur la prévention des maladies cardio-vasculaires.

L'effet fibres

Au petit déjeuner, mangez votre orange non pressée plutôt qu'en jus, pour bénéficier de l'effet fibres (coupe-faim et ami du transit) et éviter l'hypersécrétion d'insuline qui suit l'absorption de sucres rapides.

La base de la pyramide : les sucres complexes

Leur richesse en amidon leur permet de fournir au corps de l'énergie sur plusieurs heures, en évitant les «coups de pompe». De même, ils ont un effet satiétogène et fournissent peu de calories en comparaison avec les lipides (4 calories pour les glucides contre 9 pour les lipides).

Les céréales et légumes secs représentent une source appréciable de protéines sans apporter de lipides saturés. Ils permettent donc de réduire la consommation de viande, souvent riche en graisses cachées.

Un allié de poids : les légumes

Riches en fibres et en vitamines, ils ont l'avantage de «caler» pour un apport calorique réduit. Afin d'éviter les carences vitaminiques, pensez à varier les légumes. Pour mémoire, les légumes crus consommés rapidement ou même les légumes surgelés sont plus riches en vitamines que la soupe conservée 24 heures dans le réfrigérateur.

Ici, la pomme de terre n'est pas considérée comme un légume, mais comme un féculent.

Les fruits : fructose, vitamines et antioxydants

Les fruits contiennent du fructose, un glucide à l'index glycémique peu élevé (29). C'est pourquoi il ne faut pas hésiter à en consommer dans le cadre d'un régime amincissant (tout en restant raisonnable : pas plus de deux à trois fruits par jour). Le fructose, comme tous les sucres à l'index glycémique bas, libère progressivement son énergie, ce qui a pour effet d'empêcher l'effet «coup de pompe» ou la fringale qui suit la consommation de sucres à l'index glycémique élevé.

Ils sont également riches en vitamines A, C, B6 (banane)... et en sels minéraux (chrome, cuivre...).

Les laitages

On les consomme pour leur calcium (il est nécessaire tout au long de la vie), et pour leurs protéines. Pendant votre période d'amincissement, choisissez des laitages écrémés ou demi-écrémés.

Les viandes, poissons et œufs, sources de protéines

Riches en protéines d'excellente qualité, ils recèlent également des lipides cachés. Privilégiez les poissons, riches en «bonnes graisses» jouant un rôle dans la prévention des maladies cardio-vasculaires, par rapport aux viandes, riches en graisses saturées, qui ont une fâcheuse tendance à se déposer dans nos artères. Quant à la charcuterie, on peut la consommer une fois par semaine en période de régime. Enfin, n'abusez pas des œufs, dont le jaune contient beaucoup de cholestérol.

Les matières grasses

Sans les bannir, il faut limiter leur consommation en faisant l'impasse sur les viandes grasses et les charcuteries. Essentielle : la consommation quotidienne d'huile végétale en petite quantité, pour apporter à l'organisme la quantité indispensable d'acide linoléique et alpha-linoléique qu'il ne peut synthétiser.

Les sucres simples

On peut vivre sans en consommer mais il est difficile de se passer de leur saveur ! Ils représentent en quelque sorte «la cerise sur le gâteau» que forme la pyramide. Faites-vous un petit plaisir de temps en temps pour éviter la frustration en croquant un carré de chocolat noir. Et enfermez le reste de la tablette dans le coffre-fort !

Le piège des boissons sucrées

Certains sodas peuvent contenir l'équivalent de 20 morceaux de sucre par litre ! Autant les supprimer de votre alimentation. Si vous ne pouvez vous passer du goût sucré (mais attention, le sucre appelle le sucre), consommez des boissons «light» ou des jus de fruits maison coupés d'eau.

LES BESOINS

Pour réussir votre régime

Pour perdre votre masse grasse en conservant votre masse maigre, mettez la pédale douce sur les lipides saturés (graisses animales) sans surtout vous carencer en protéines ni en glucides. Ce qui n'est pas toujours facile quand on sait que les aliments riches en graisses saturées (viandes, laitages...) sont également riches en protéines contenant les huit acides aminés essentiels, dont la lysine et la méthionine.
Une solution : privilégier les viandes maigres (poulet, dinde...) mais surtout les poissons, dont les «bonnes graisses» contribuent à prévenir les maladies cardio-vasculaires.

Les sucres simples sont à consommer avec modération.

Les produits bio sont répartis en quatre groupes :

● **Les produits bio à plus de 95 %**, constitués à plus de 95 % de produits issus de l'agriculture biologique ; le label AB est un label officiel. Il certifie que le produit est bio à plus de 95 %.

● **Les produits bio à plus de 70 % :** ce ne sont pas, à proprement parler, des produits «bio» ; néanmoins, leurs producteurs peuvent indiquer, sur l'emballage, le pourcentage d'ingrédients issus de l'agriculture biologique.

● **Les produits bio à moins de 70 % :** leurs producteurs n'ont pas l'autorisation de mentionner que certains de leurs ingrédients sont issus de l'agriculture biologique.

● **Les produits bio en conversion :** ils sont élaborés à partir de denrées provenant d'exploitations en cours de conversion (depuis un an au moins avant la dernière récolte).

Les aliments «light» : véritable aide-minceur ou miroir aux alouettes ?

Pour simplifier, nous dirons qu'il y a deux catégories d'aliments «light» : ceux où l'on remplace le sucre par un édulcorant de synthèse, et ceux dont on allège la teneur en matière grasse (on remplace alors souvent cette dernière par... de l'eau).

Vers une nouvelle alimentation

Relayés par les médias, les magasins nous proposent une multitude d'aliments modifiés dans le but d'améliorer notre santé. Leur consommation présente-t-elle un réel intérêt ? Et comment distinguer les bons produits des articles à rejeter ?

Les règles de l'agriculture biologique

Pour présenter la mention «produit biologique», un produit doit-être issu d'un mode de production agricole ou d'élevage répondant à des règles strictes. La production de produits bio est en effet réglementée par la loi. En Union européenne, les produits issus de l'agriculture et de l'élevage biologique doivent être vérifiés, au moins une fois par an, par l'un des trois organismes habilités à permettre l'apposition du logo «agriculture biologique» : Ascert, Ecocert et Qualité France.

En ce qui concerne l'agriculture biologique, l'utilisation d'engrais chimiques est interdite. On utilise, pour la fertilisaion des sols, des matières organiques d'origine animale ou végétale n'ayant subi aucun traitement chimique. L'utilisation des pesticides de synthèse est également interdite. Pour lutter contre la prolifération de parasites, on a recours à des produits naturels, n'ayant subi aucun traitement chimique, et l'on protège les prédateurs de parasites. L'élevage biologique répond également à une réglementation rigoureuse : pas d'élevage intensif ni de méthodes industrielles, utilisation d'une nourriture de qualité, sans engrais ni pesticides chimiques, traitement des maladies par phytothérapie et homéopathie...

Fruits, légumes et céréales complètes : le trio gagnant

De récentes études ont démontré que notre alimentation est trop riche en produits d'origine animale, et notamment en viande. Nous avons vu que ces produits sont riches en protéines de bonne qualité, puisqu'elles contiennent les huit acides aminés essentiels que notre corps ne peut fabriquer. Mais ils sont également riches en graisses saturées généralement cachées.

A la lumière de ces découvertes, certains médecins conseillent la réhabilitation de la consommation de fruits, de légumes et de céréales complètes, ces dernières, habilement combinées, apportant les acides aminés essentiels.

En outre, ces produits végétaux ont la capacité de protéger contre certaines maladies de civilisation, comme le cancer. On sait notamment que la consommation de fibres alimentaires favoriserait la prévention du cancer du côlon en accélérant le transit intestinal. Ainsi, les substances toxiques resteraient moins longtemps en contact avec l'intestin. De même, une substance contenue dans l'ail, la sulfure d'ailline, préviendrait également certains cancers. On savait déjà que l'ail avait un effet bénéfique sur les maladies cardio-vasculaires; voici une raison de plus de l'ajouter à son menu !

L'aspartame : une aubaine pour les «becs sucrés» ?

L'attirance pour le goût sucré est innée. Quand on fait goûter à un nouveau-né un peu d'eau sucrée, il exprime sa satisfaction. L'enfant, quant à lui, aime les produits sucrés et c'est tant mieux : il en a besoin pour pourvoir rapidement son organisme en énergie. Nous, adultes, pouvons nous contenter de sucres complexes sans mettre en péril notre organisme. En effet, on peut tout à fait vivre sans absorber de sucres rapides (bonbons, sucre blanc, miel, chocolat). Mais notre attirance reste forte pour cet aliment-plaisir. Si bien que certains d'entre nous ne peuvent concevoir une alimentation sans goût sucré. Pour eux, les édulcorants de synthèse, et notamment l'aspartame, sont indiqués. A plusieurs conditions :

● Il ne faut pas manger davantage afin de compenser ce que vous avez «économisé» en sucrant votre café avec un édulcorant de synthèse. Certaines personnes mangent deux carrés de chocolat parce qu'elles mettent une «sucrette» dans leur café. Or, le chocolat, ce sont des glucides et du magnésium, mais aussi des lipides.

● En cas de fringale, inutile de vous jeter sur une boisson chaude ou un yaourt édulcoré à l'aspartame, car la sécrétion d'insuline (une hormone qui stimule la faim) est identique à celle provoquée lors de consommation de «vrai» sucre.

● Pour un équilibre alimentaire à long terme, mieux vaut se déshabituer progressivement du goût sucré plutôt que d'édulcorer à outrance ses aliments.

Les produits allégés en matières grasses

● **Les laitages écrémés et demi-écrémés contiennent autant de calcium et de protéines que leurs homologues composés à partir de lait entier, pour seulement quelques traces de lipides, d'où leur intérêt. Seul handicap : le goût un peu fade de ces aliments. Choisissez par exemple un fromage blanc à 10 % de matières grasses, beaucoup plus onctueux que le fromage blanc maigre, et n'apportant que 2 g de lipides pour 100 g.**

● **Les charcuteries allégées : on a vu apparaître sur le marché toute une gamme de charcuterie allégée... mais encore trop grasse dans le cadre d'un régime amincissant. Une marque célèbre de charcuterie propose des saucisses allégées contenant... 15 g de lipides aux 100 g. Préférez le jambon blanc, naturellement maigre.**

● **Les plats allégés : plutôt que de vous attacher à la valeur calorique globale de ces aliments tout préparés, apprenez à lire les étiquettes. C'est la teneur en lipides qui doit être réduite plutôt que la teneur en glucides et protéines.**

● **Les sauces allégées sont composées à base d'eau, et leur valeur lipidique est généralement moindre. Leur intérêt nutritionnel dans le cadre d'un régime amincissant est donc plutôt positif.**

Les désastres du tabagisme passif

De récentes études ont démontré que le tabagisme passif pouvait, à la longue, être à l'origine de troubles et maladies tels que affections respiratoires, bronchites, asthme, rhino-pharyngites chez les enfants, voire même cancers ou maladies cardio-vasculaires pour les adultes. Une atmosphère enfumée est également responsable de troubles tels que picotements des yeux et du nez, angine de poitrine, asthme...

Quelques trucs vous permettront d'arrêter de fumer sans prendre un gramme. C'est possible !

Haro sur le tabac !

Pas toujours facile de décrocher même quand on connaît les ravages liés à sa consommation. L'arrêt du tabac a la réputation de faire grossir. Que croire ? Et comment stopper en douceur sans trop de difficultés ?

Tabac : votre meilleur ennemi

La consommation de tabac est responsable de plus de 30 % de cancers : larynx, poumons, bronches, œsophage, langue... mais aussi estomac, pancréas, vessie...

● Elle favorise également l'apparition de maladies cardio-vasculaires : infarctus du myocarde, artérite, accidents vasculaires cérébraux...

● Elle est à l'origine de maladies pulmonaires telles que la bronchite chronique, des infections respiratoires à répétition...

● Elle accélère le vieillissement des cellules et intervient négativement sur les facultés sensorielles : goût, odorat sont altérés.

● Elle est nocive pour la femme enceinte qui risque d'accoucher prématurément d'un enfant de petit poids, et pour l'enfant mis au sein car la nicotine passe parfaitement dans le lait maternel.

Quand on interroge les fumeurs, nombreux sont ceux qui aimeraient s'arrêter, mais n'osent pas parce qu'ils ont peur de grossir. Cette attitude est principalement féminine, ce qui est compréhensible quand on connaît la pression exercée sur les femmes pour qu'elles soient à la fois minces, actives, séduisantes et épanouies (vaste programme...).

Arrêtez de fumer sans grossir

● Augmentez votre activité physique : si vous pratiquiez un sport, ce n'est pas le moment d'arrêter. Au contraire, il faut bouger davantage, en pratiquant une ou deux heures de plus par semaine.

● Evitez de grignoter entre les repas, notamment des sucreries. Veillez plutôt à remplacer à table une partie des lipides, très caloriques et donc susceptibles de faire prendre du poids, par des sucres à indice glycémique faible et des fibres alimentaires, afin de combattre la sensation de faim. Et remplacez momentanément le sucre blanc (saccharose) par un édulcorant de synthèse pour abaisser votre ration calorique globale.

● Les chewing-gums sont un bon palliatif au tabac, mais leur valeur calorique n'est pas négligeable : 4 calories par gramme pour les chewing-gums sucrés et 2,4 pour ceux qui sont édulcorés aux polyols. En revanche, ayez toujours à disposition des légumes épluchés : radis, rondelles de concombre, bâtonnets de carotte quand l'envie de fumer se fait trop forte.

● Pensez à boire beaucoup, entre les repas, de l'eau ou des tisanes, pour atténuer la sensation de faim. En revanche, augmenter votre dose de thé ou de café aurait pour conséquence de vous rendre encore plus nerveux que le seul arrêt du tabac.

Pour vous aider à surmonter le manque

L'arrêt du tabac doit être total ; il est reconnu que le fait de ralentir dans le but de s'arrêter... plus tard se solde souvent par un échec. Dans tous les cas, la décision doit venir du fumeur lui-même, et non de son médecin ni de ses proches.

Pour un couple de fumeurs, la solution idéale est de prendre ensemble la décision de s'arrêter, sous peine de «craquer» un soir devant le paquet de l'autre.

Les timbres

Ils se présentent sous la forme de système transdermique, c'est-à-dire de pastilles autocollantes qui s'appliquent le matin sur une peau sèche, se portent vingt-quatre heures sur vingt-quatre et sont renouvelés tous les matins. Délivrés uniquement sur prescription médicale, ils sont utiles aux «accros» de la nicotine. Leur principe : libérer dans l'organisme une quantité constante de nicotine pour éviter l'effet de manque. Le médecin prescrit des timbres de moins en moins dosés en nicotine au fur et à mesure que le sevrage s'installe dans le temps. Seul inconvénient : ils sont chers mais pas plus que les cigarettes.

Les chewing-gums à la nicotine

Ils sont également utiles pour réduire l'état de manque dû au sevrage. Moins dosés en nicotine que les timbres, ils doivent être utilisés pendant douze semaines d'affilée au minimum et mastiqués lentement pour une libération progressive de la nicotine.

Quelques chiffres

Il est vrai que les fumeurs sont généralement plus minces que les non-fumeurs, parce que le tabac a un effet coupe-faim. Résultat : ils absorbent moins de calories. La cigarette intervient également dans l'assimilation des aliments et perturbe les facultés gustatives : les plats paraissent moins savoureux aux fumeurs qu'aux non-fumeurs. De plus, le fait de fumer coûte cher en énergie : environ 200 calories par jour.

L'arrêt du tabac, lorsqu'il est mal géré, peut entraîner une prise de poids de l'ordre de 2 à 4 kg. Certaines personnes très dépendantes et très peu au fait des procédés de compensation pour éviter la prise de poids peuvent prendre 10 kg. Mais d'autres personnes parfaitement informées de ce qu'il faut faire pour éviter de gagner du poids ne prennent pas un gramme.

Tabac et vitamine C

Le fait de fumer augmente les besoins en vitamine C. Quand on sait que cette vitamine permet de prévenir le cancer du poumon, mieux vaut veiller à la consommer en quantité suffisante.

Travail de nuit : une influence sur le poids ?

Mais pourquoi donc les personnes qui travaillent pendant que nous dormons ont-elles tendance à s'enrober ? Tout simplement parce qu'elles grignotent souvent toute la nuit pour pallier la frustration du manque de sommeil. Sandwich, gâteau, café sucré... la ration calorique sur vingt-quatre heures augmente, tandis que les repas pris dans la journée ne sont pas réellement allégés.

Il faut remplacer le sucre des boissons chaudes par de l'édulcorant de synthèse, voire le supprimer. Quant au sandwich, pourquoi ne pas le remplacer par un ou deux laitages maigres, un fruit et une infusion ?

Une tisane pour mieux dormir

10 g de fleurs de passiflore
10 g d'escholzia (pétales)
10 g de fleurs d'aubépine
10 g de tilleul
10 g de feuilles de mélisse.
Mélangez les plantes et faites infuser 1 cuillère à soupe de ce mélange dans un demi-litre d'eau bouillante pendant 10 minutes. A boire après le dîner.

Pour mincir, dormez !

Le sommeil est l'allié de votre minceur. Ne vous privez pas de ce plaisir qui vous embellira davantage que n'importe quelle crème de soin sans que vous ayez à dépenser un centime ! Voici quelques règles d'or pour apprendre ou réapprendre à dormir d'un sommeil réparateur.

Qui dort dîne

Ce proverbe doit sa célébrité à une erreur d'interprétation : autrefois, le voyageur qui demandait l'hospitalité pour la nuit devait obligatoirement prendre son repas dans l'auberge où il dormait. C'était financièrement plus intéressant pour l'aubergiste qui recueillait la somme perçue pour la location de la chambre, mais aussi celle du repas. D'où l'expression «qui dort dîne» : qui loue et règle une chambre doit aussi consommer et payer son repas.

Aujourd'hui, cette expression n'a plus la même signification. On entend que celui qui est en train de dormir n'a pas faim. Autrement dit, le sommeil permet d'éviter de manger. Il permet également de «recharger ses batteries» sans absorber une calorie. Mieux, l'organisme, pour continuer à fonctionner au ralenti, brûle de l'énergie. Qui oserait prétendre que le sommeil n'est pas notre meilleur ami ?

En outre, c'est pendant que l'on dort que le corps élimine mieux ses déchets, en grande partie parce que la position allongée favorise les échanges cellulaires et l'élimination des toxines, ce qui est intéressant lorsque l'on veut perdre du poids.

Réapprenez à bien domir

● Couchez-vous lorsque vous sentez votre «heure» arriver. Il est reconnu que le sommeil est articulé en plusieurs cycles de deux heures environ. Il faut aller au lit lorsque des symptômes tels que bâillements, engourdissement, lourdeur des paupières signalent que le début d'un cycle peut commencer.

● Allez au lit chaque soir à la même heure, à quinze minutes près. D'ailleurs vous remarquerez que votre «coup de pompe» (correspondant au début d'un cycle) survient toujours à peu près au même moment. Le mécanisme d'endormissement se fera plus facilement.

● Choisissez minutieusement votre literie. Le lit est l'endroit où vous passez environ le tiers de votre vie. Evitez les matelas trop mous ou trop durs, notamment si vous êtes enrobée. Les premiers ont tendance à favoriser les déformations et les douleurs dorsales. Les seconds meurtrissent les chairs emprisonnées entre le squelette et le matelas. Si vous avez des problèmes de jambes lourdes, rien ne s'oppose à ce que vous dormiez les jambes surélevées, en glissant des cales sous les pieds du lit. En revanche, cette position est déconseillée aux personnes sujettes à une insuffisance artérielle ou aux personnes réellement obèses pour lesquelles il est recommandé de dormir plutôt le tronc surélevé.

● Evitez les excitants : thé, café, sodas contenant de la caféine (type Coca-Cola). En outre, ces boissons sont souvent riches en sucres rapides. Néanmoins, la consommation d'une ou deux tasses de café par jour n'est pas nocive, dans la mesure où elle a lieu avant quinze heures. Quant au thé, déjà apprécié par les Anciens, il contient des flavonoïdes, dont la présence protégerait les cellules du corps contre l'oxydation (mais les fruits, les légumes et le vin en contiennent également).

● Bannissez les repas copieux en fin de journée. Une digestion difficile perturbe le sommeil. Mais dans le cadre d'un régime amincissant, vous savez déjà que le repas du soir doit être léger. N'est-ce pas ?

● Evitez les carences en magnésium, le minéral ami du système nerveux et musculaire, en consommant des céréales complètes, des légumes et des fruits secs, des légumes verts, du chocolat, du poisson.

● Instaurez un «rituel du coucher» : relaxez-vous, étirez-vous, et couchez-vous en pensant à des choses agréables plutôt qu'à vos impôts. Lire quelques pages avant d'éteindre la lumière aide généralement à trouver le sommeil. Les personnes stressées apprécient généralement de s'endormir en écoutant un morceau de musique classique.

● Ne surchauffez pas votre chambre. La nuit, on transpire plus que le jour. De même, les personnes présentant un surpoids suent davantage que les personnes minces. Une température de 15 à 18° C dans la chambre est souhaitable.

LES BESOINS

Somnifères : attention à l'engrenage

Les somnifères, pris de manière ponctuelle et sur prescription médicale suite à un événement particulièrement perturbant ou en voyage pour faire face à l'insomnie liée au décalage horaire, ne sont pas à rejeter. En revanche, leur consommation régulière est néfaste pour la santé. Elle dérègle l'horloge biologique naturelle de l'individu, induit un état de dépendance, provoque des pertes de mémoire.

Remplacez le somnifère du soir par un «somnifère» naturel : infusion de tilleul, consommation de laitue (aux vertus légèrement hypnotiques !), ou des plantes telles que l'escholtzia, aux effets anxiolytiques, sédatifs et hypnotiques, ou la passiflore, riche en alcaloïdes et en flavonoïdes, censés avoir un effet positif sur les troubles du sommeil, la valériane, ou le houblon, bien connus des phytothérapeutes pour leurs vertus sédatives.

Choisissez votre régime

Votre programme minceur «à la carte» et... «clé en mains».

Vous allez pouvoir déterminer le régime qui vous convient en fonction de votre profil personnel : activité physique, nombre de kilos à perdre, ancienneté du surpoids, envie de maigrir vite ou plus lentement. Ces programmes-minceur équilibrés et individualisés vous mèneront à coup sûr vers le succès.

Rien ne sert de sauter un repas

On aurait tendance à croire que le fait de sauter un repas, que ce soit le petit déjeuner, le déjeuner ou le dîner, fait maigrir. Or, cette attitude aurait plutôt l'effet inverse, et ceci pour plusieurs raisons :
● On a tendance à manger plus au repas suivant pour compenser.
● L'organisme, qui a manqué de nutriments et de calories, se venge en stockant les lipides et glucides qu'il reçoit au repas suivant.
● Manger brûle des calories. Quand on saute un repas, on ne brûle rien du tout.
● L'organisme qui manque de glucides va puiser dans ses réserves de graisse corporelle pour en fabriquer, mais également dans ses réserves musculaires. Ce qui n'est pas le but recherché.

Installez-vous pour manger

Rien de pire que de grignoter sur un coin de table, à même la boîte de conserve à peine réchauffée ! Manger est un plaisir, l'aviez-vous donc oublié ? Faites-vous votre petite fête, installez-vous une jolie table, faites chauffer vos aliments et composez votre menu avec soin : entrée, plat de résistance, dessert : la disparité des saveurs satisfera votre besoin de manger, et le sentiment de satiété postprandial sera supérieur.

Les clés de votre programme minceur

Vous avez décidé de perdre du poids et, en lisant les trois premiers chapitres de cet ouvrage, vous avez vu ou revu les règles essentielles. Les conseils suivants vous permettront d'avancer plus vite et mieux sur les chemins de l'amincissement.

Pas de pari impossible

Vous avez déterminé combien vous avez de kilos à perdre. Inutile de vous dire que plus votre surpoids est important, plus la lutte sera rude. Néanmoins, il est inutile, voire voué à l'échec, de vous astreindre à un régime de famine. Si vous avez vingt kilos à perdre, mieux vaut maigrir sur deux, voire trois périodes, en procédant par étapes : une phase d'amincissement où vous perdrez sept kilos, une phase de stabilisation, puis à nouveau une phase d'amincissement, etc. Quant aux critères de beauté contemporains, ils poussent à l'anorexie. Oubliez-les pour leur préférer une silhouette mince et harmonieusement musclée. Mieux vaut avoir trois kilos de trop et être en bonne santé que ressembler à un top-model dénutri...

Pas de bavardages inutiles

Quand on fait un régime, on a tendance à trop parler, surtout dès que l'on commence à «fatiguer». Si vous confiez à vos collègues que vous êtes au régime, il y a fort à parier qu'ils vous encourageront à reprendre votre alimentation d'antan, sous prétexte que «vous êtes très bien comme vous êtes» et que les régimes sont «absurdes». Sauf les régimes équilibrés, comme ceux que nous vous proposons dans cet ouvrage. Alors... tenez votre langue !

Consommez plus de glucides, moins de lipides, et des fibres

Pour perdre du poids, privilégiez la consommation de sucres à indice glycémique bas ou moyen, comme les céréales complètes, les légumes secs, les laitages (maigres évidemment), les fruits et le fructose (avec modération). Sachez que ces aliments sont également riches en fibres alimentaires dont on connaît l'intérêt dans le cadre d'un régime amincissant. En revanche, limitez la consommation de lipides saturés cachés (dans les viandes, laitages entiers, charcuterie, fromages...) ou non (beurre, crème, saindoux...) tout en consommant un minimum de lipides contenant les acides aminés indispensables à l'organisme (huiles végétales et particulièrement huile de tournesol, de soja, de maïs, ou encore, en moindre quantité dans l'huile d'olive, de colza et d'arachide). Pensez également à consommer des protéines (il y en a dans les céréales et les légumes secs, mais aussi dans les poissons, viandes, œufs et laitages).

Mâchez, mâchez !

Vous garderez plus longtemps les aliments dans votre cavité buccale et le sentiment de satiété sera supérieur. De plus, la mastication facilite la digestion.

Buvez toute la journée

Pour calmer la sensation de faim, buvez de l'eau, un peu de thé non sucré, des jus de légumes, entre les repas de préférence pour éviter de diluer le bol alimentaire. Boire un grand verre d'eau avant le repas en revanche n'est pas déconseillé pour éviter de «dévorer» à table. Vous pouvez recommencer à boire environ une heure après le repas.

Oubliez votre balance

La balance est l'ennemie jurée de la minceur. Mieux vaudrait l'enfermer dans un placard ou la jeter par la fenêtre ! En effet, les variations de poids d'un jour à l'autre n'ont aucune signification, surtout pour les femmes, sujettes aux variations de poids dues à une rétention d'eau en relation avec le cycle menstruel. Mais un kilo d'eau, ce n'est pas un kilo de graisse ! Si vous voulez absolument des mesures, retenez celles de votre tour de cuisse ou de hanches, que vous prendrez avec un mètre de couturière.

Cuisinez différemment

Avant, vous mangiez vite fait mal fait entre deux chaises des plats tout préparés, trop gras ou déséquilibrés, ou des aliments que vous aviez cuisinés vous-même sans respecter les règles diététiques. Eliminez les mets «clé en main» pour réapprendre à faire la cuisine. Des légumes frais, de l'ail, des aromates, un filet d'huile d'olive pour remplacer le beurre, le sel et le ketchup ! Vous vous apercevrez que cuisiner peut devenir un moyen de «décompresser» après une journée de travail trop remplie !

Mangez avant de faire vos courses

Quelle femme n'a jamais connu la torture de se rendre au supermarché à l'heure du déjeuner, pour slalomer entre les étals de chocolat et de bonbons, la faim au ventre ? On achète beaucoup plus de produits déconseillés en cas de régime quand on n'a pas mangé que lorsqu'on est repu. Conclusion : déjeunez léger avant de piloter votre caddie. Et donnez les produits tentateurs qui traînent encore dans vos placards à votre mère ou à votre voisine.

Concoctez-vous un petit goûter

Vers dix/onze heures, consommez un fruit ou un yaourt maigre et une boisson chaude pour éviter d'être affamée à l'heure du déjeuner. Idem vers 16 heures : une tasse de thé et une tranche de pain complet ou un yaourt valent mieux que d'attendre le dîner... pour se gaver sans retenue.
En outre, le fait de manger brûle des calories. Vous maigrirez donc davantage en morcelant vos trois principaux repas en cinq petits.

Vous avez craqué ? Rien n'est perdu !

Inutile de vous effondrer si, un jour, vous commettez un écart. Toutes les personnes qui suivent un régime «craquent» un beau jour pour un carré de chocolat, un croissant, un verre de whisky.
L'important est de ne pas réitérer, sous prétexte que «maintenant, c'est trop tard». Pas du tout : tout écart se rattrape si l'on mange moins le lendemain. Répétons-le : ce n'est pas sur 24 heures que vous devez surveiller votre alimentation, mais sur plusieurs semaines.

Estimation des calories

Pour estimer le nombre de calories que vous absorbez quotidiennement, notez scrupuleusement sur un carnet, après chaque prise alimentaire, ce que vous avez mangé et le nombre de calories ingurgitées. Pour connaître la valeur calorique de vos aliments, reportez-vous au tableau en fin d'ouvrage.
Si vous n'y parvenez pas seule, faites-vous aider par une diététicienne.

Le programme à 1200 calories

Vous serez surprise de constater que ce régime, malgré sa faible valeur calorique, n'est pas un régime de famine. Il est conçu pour permettre aux personnes ayant d'ordinaire une ration calorique peu élevée - pour des raisons de morphologie ou d'habitudes alimentaires - de parvenir à perdre du poids.

A qui ce programme est-il destiné ?

● Aux personnes plutôt sédentaires.
● Aux personnes dont l'alimentation habituelle apporte environ 1700 calories par jour et qui veulent perdre environ 2 kg de masse grasse (et non de muscles ni d'eau) par mois. Il leur faut alors abaisser leur ration calorique quotidienne d'environ 500 unités.
● Aux personnes souhaitant perdre du poids rapidement sans subir de carences. Ce régime est parfaitement équilibré. Il peut être suivi sans crainte pendant plusieurs semaines.
● Aux personnes ayant beaucoup de poids à perdre, et souhaitant maigrir rapidement jusqu'à la première phase de stabilisation.
● Aux personnes qui, malgré un régime bien suivi à 1500 calories, ne parviennent pas à perdre de poids.
● Aux personnes qui ont perdu du poids avec le régime à 1500 calories, mais qui ne parviennent plus à maigrir parce que le corps s'est habitué à ce nouvel équilibre. Il convient donc de diminuer encore la ration calorique quotidienne pour continuer l'amaigrissement.

Régime à 1200 calories

Petit déjeuner :

● 1 bol de thé ou de café ou une infusion sans sucre, ou édulcoré
● 1 yaourt maigre ou 100 g de fromage blanc maigre ou 1 verre de lait écrémé
● 1 tranche de pain complet (pour les fibres) ou à défaut blanc, avec 10 g de margarine

● 1 fruit frais lavé mais non pelé pour le fructose, les vitamines et les fibres ou, à défaut, 1 verre de jus de fruits (15 cl).

Collation (facultatif) :

● 100 g de fromage blanc maigre ou un petit fruit lavé mais non pelé
● 1 tasse de thé ou une infusion sans sucre.

Déjeuner :

● 100 à 200 g de crudités au choix : carottes râpées, concombre, salade verte, tomates, radis, melon..., avec une vinaigrette composée à partir d'une cuillerée à café d'huile végétale pour les acides gras essentiels
● 100 à 150 g de poisson, viande maigre (alterner avec deux œufs deux fois par semaine) pour les protéines
● 100 à 200 g de légumes verts au choix : haricots verts, épinards, bette, chou, chou-fleur, poireaux... (pour les vitamines et les fibres)
● 100 g de fromage blanc maigre non sucré ou édulcoré
● 1 petit fruit lavé mais non pelé (si celui-ci n'a pas été consommé lors de la collation du matin).

Collation de l'après-midi :

● 1 yaourt à 0 % de matières grasses
● 1 boisson chaude ou froide sans sucre ou édulcorée.

Dîner :

● 1 bol de potage maison à base de légumes : poireaux, céleris, carottes, navets, champignons, ail, oignons... pour les vitamines et les fibres et une petite pomme de terre pour les glucides, dans lequel vous aurez mélangé un petit verre de lait écrémé ou demi-écrémé
● 100 à 150 g de poisson ou viande cuit sans matière grasse
● 100 à 200 g de légumes verts avec 10 g de margarine pour les acides gras essentiels
● 1 tranche de pain complet de préférence (pour les fibres) ou blanc
● 1 petit fruit lavé mais non épluché.

Dans la soirée (facultatif) :

● 1 infusion (tilleul...).

VOTRE RÉGIME

Quelques conseils

● **Mettez l'accent sur la consommation de poisson, gras ou maigre. Ce plat est excellent pour la santé car pauvre en graisses saturées et riche en protéines. Si vous manquez de temps pour cuisiner, remplacez le poisson en papillotes ou cuit à l'eau par 100 g de thon en boîte au naturel (225 calories).**
● **Consommez de préférence des fruits frais plutôt que des jus de fruits, pour leur teneur en fibres alimentaires, coupe-faim naturel.**
● **Vous pouvez permuter yaourt, fromage blanc et verre de lait écrémé à volonté. Les laitages maigres aromatisés, sans sucre, ne sont pas déconseillés. Vous pouvez également aromatiser vous-même vos laitages avec de l'extrait de vanille naturelle, 1/2 cuillerée à café de confiture au fructose ou de compote de fruits sans sucre ajouté.**
● **Ne supprimez pas le peu de matière grasse figurant au menu : votre corps en a besoin.**
● **Ce régime peut être suivi jusqu'à l'obtention du poids désiré. Pour maintenir ce poids, il convient de passer par une phase de stabilisation (voir chapitre 5 : La phase de stabilisation).**

Un matériel haut de gamme... pour le plaisir !

Profitez de cette période de régime pour remplacer vos ustensiles de cuisine fatigués : poêles antiadhésives rayées ou usagées, autocuiseur non étanche, faitout ébréché, couvercles cabossés... Et procurez-vous les bons outils pour les remplacer (voir chapitre 10).

Quel programme choisir ?

Vous pouvez prendre comme point de départ la ration calorique dont vous avez besoin quotidiennement selon votre poids, et en retrancher 500 calories. Si vous avez besoin de 1700 calories par jour (femmes de petite taille par exemple), et que vous souhaitez perdre 2 kilos par mois, vous y parviendrez en suivant le régime à 1200 calories. Pour connaître vos besoins caloriques en fonction de votre poids, reportez-vous au chapitre précédent.

Le programme à 1500 calories

Ce programme à 1500 calories autorise la consommation, en petite quantité, de féculents lors du repas du midi. Il est aussi légèrement plus riche en lipides que le programme à 1200 calories.

A qui ce programme est-il destiné ?

● Aux personnes ayant une activité plutôt sédentaire.
● Aux personnes dont l'alimentation habituelle apporte environ 2000 calories par jour et qui veulent perdre environ 2 de masse grasse (et non de muscles ni d'eau) par mois. Il leur faut alors abaisser leur ration calorique quotidienne d'environ 500 unités, pour la ramener à 1500 calories.
● Aux personnes de petite taille (moins de 1,60 m) n'ayant pas beaucoup de poids à perdre (moins de 5 kg) et se contentant de perdre un kilo par mois.
● Aux personnes ayant beaucoup de poids à perdre, et souhaitant maigrir de 4 kilos par mois environ jusqu'à la première phase de stabilisation.
● Aux personnes qui, malgré un régime bien suivi à 1800 calories, ne parviennent pas à perdre du poids.
● Aux personnes qui ont perdu du poids avec le régime à 1800 calories, mais qui ne parviennent plus à maigrir parce que le corps s'est habitué à ce nouvel équilibre. Il convient donc de diminuer encore la ration calorique quotidienne pour continuer à perdre du poids.
● Aux personnes qui ont maigri avec le régime à 1200 calories et qui souhaitent désormais stabiliser leur poids.

Le programme à 1500 calories

Petit déjeuner :

● 1 bol de thé ou de café ou une infusion sans sucre, ou édulcoré
● 1 yaourt maigre ou 100 g de fromage blanc maigre ou 1 verre de lait écrémé
● 1 tranche de pain complet (pour les fibres) ou à défaut blanc, avec 10 g de margarine

● 1 fruit frais lavé mais non pelé pour le fructose, les vitamines et les fibres ou, à défaut, 1 verre de jus de fruits (15 cl).

Collation (facultatif) :

● 100 g de fromage blanc maigre ou un petit fruit lavé mais non pelé
● 1 tasse de thé ou une infusion sans sucre.

Déjeuner :

● 100 à 200 g de crudités au choix : carottes râpées, concombre, salade verte, tomates, radis, melon..., avec une vinaigrette composée à partir d'une cuillerée à café d'huile végétale pour les acides gras essentiels
● 100 à 150 g de poisson, viande maigre (alterner avec deux œufs deux fois par semaine) pour les protéines
● 100 à 200 g de légumes verts au choix : haricots verts, épinards, bette, chou, chou-fleur, poireaux... (pour les vitamines et les fibres)
● 1 bol chinois de féculents (riz complet, soja, pâtes, haricots secs, lentilles...) ou de pommes de terre pour les glucides lents et les fibres
● 1 noisette de margarine au tournesol (5 g)
● 100 g de fromage blanc maigre non sucré ou édulcoré
● 1 petit fruit lavé mais non pelé (si celui-ci n'a pas été consommé lors de la collation du matin).

Collation de l'après-midi :

● 1 yaourt à 0 % de matières grasses
● 1 boisson chaude ou froide sans sucre ou édulcorée.

Dîner :

● 1 bol de potage maison à base de légumes : poireaux, céleris, carottes, navets, champignons, ail, oignons... pour les vitamines et les fibres et une petite pomme de terre pour les glucides, dans lequel vous aurez mélangé un petit verre de lait écrémé ou demi-écrémé
● 100 à 150 g de poisson ou viande cuit sans matière grasse
● 100 à 200 g de légumes verts avec 10 g de margarine pour les acides gras essentiels
● 1 tranche de pain complet de préférence ou blanc
● 1 petit fruit lavé mais non épluché.

Dans la soirée (facultatif) :

● 1 infusion (tilleul...).

VOTRE RÉGIME

Quelques conseils

● Alternez les légumes, le choix est vaste : courgette, aubergine, céleri, topinambour, choux de Bruxelles, rutabaga, salsifis, cœur de palmier...
● Faites le plein de céréales complètes dans les magasins spécialisés : soja, millet, orge, seigle, épeautre, sarrasin, avoine... sont riches en sucres lents, en vitamines du groupe B, et en fibres alimentaires.
● Rien ne s'oppose à ce que vous ajoutiez de temps en temps une cuillerée à café de cacao en poudre maigre non sucré à votre bol de lait chaud ou froid : vous n'êtes pas au bagne.
● Cuisinez à l'avance pour ne pas vous jeter, en arrivant à 19 heures, sur la baguette de pain, mais sur le petit plat préparé par vos soins la veille au soir et réchauffé au micro-ondes. Et savourez.
Ce régime peut être suivi jusqu'à l'obtention du poids désiré. Pour maintenir ce poids, il convient de passer par une phase de stabilisation (voir le chapitre suivant).

Attention aux graisses cachées

Vous le savez sans doute : l'huile, le beurre, le saindoux et la margarine sont constitués à 99 % de lipides. Ils dégagent donc 9 kcal par g. Dans le cadre de votre régime, vous devez en limiter la consommation.

Plus pernicieuses sont les graisses présentes dans les fromages, viandes, poissons, petits plats tout préparés, sauces, pâtisseries, biscuits, bonbons, amuse-gueule et autres douceurs.

Pour réussir votre régime, surveillez votre consommation et, au supermarché, apprenez à lire les étiquettes.

Par exemple : un steak haché surgelé à 15 % de matières grasses vous apportera 135 kcal sous forme de lipides pour 72 kcal sous forme de protéines (nutriment à privilégier !). Choisissez plutôt un steak à 5 %, plus riche en protéines (84 kcal apportées par les protéines) et allégé en graisses (45 kcal apportées sous forme de lipides).

Le programme à 1800 calories

De nos trois programmes, il est le plus facile à suivre. Vous avez tous les droits... ou presque !, notamment celui de consommer des sucres rapides. Autre différence : vous consommez des féculents midi et soir.

A qui ce programme est-il destiné ?

● Aux personnes ayant une activité plutôt sédentaire.

● Aux personnes dont l'alimentation habituelle apporte environ 2300 calories par jour et qui veulent perdre environ 2 kg de masse grasse (et non de muscles ni d'eau) par mois. Il leur faut alors abaisser leur ration calorique quotidienne d'environ 500 unités, pour la ramener à 1800 calories.

● Aux personnes ayant beaucoup de poids à perdre, et souhaitant maigrir de deux/trois kilos par mois environ jusqu'à la première phase de stabilisation.

● Aux hommes, dont la ration calorique normale est d'environ 2500 calories, et qui peuvent donc perdre facilement du poids avec un programme à 1800 calories. En suivant ce régime, un homme pesant entre 65 et 105 kg pourra perdre environ 3 kg par mois.

● Aux personnes ayant une ration calorique quotidienne beaucoup trop élevée sans présenter de surpoids ou un surpoids très faible, et qui souhaitent retrouver une alimentation équilibrée.

● Aux personnes qui sont en phase de stabilisation après avoir suivi un régime à 1500 calories (voir chapitre 5).

Votre programme à 1800 calories

Petit déjeuner :

● 1 bol de thé ou de café ou une infusion sans sucre, ou édulcoré

● 1 yaourt maigre ou 100 g de fromage blanc à 10 ou 20 % de matière grasse ou 1 verre de lait demi-écrémé

● 2 tranches de pain complet (pour les fibres) ou à défaut blanc, avec 10 g de margarine et une cuillerée à café de confiture (riche en fruits, pas en sucre !) ou de compote

● 1 fruit frais lavé mais non pelé pour le fructose, les vitamines et les fibres ou, à défaut, 1 verre de jus de fruits (15 cl).

Collation (facultatif) :
● 100 g de fromage blanc maigre ou un petit fruit lavé mais non pelé
● 1 tasse de thé ou une infusion sans sucre.

Déjeuner :
● 100 à 200 g de crudités au choix : carottes râpées, concombre, salade verte, tomate, radis, melon…, avec une vinaigrette composée à partir d'une cuillerée à café d'huile végétale pour les acides gras essentiels
● 100 à 150 g de poisson, viande maigre (alterner avec deux œufs deux fois par semaine) pour les protéines
● 100 à 200 g de légumes verts au choix : haricots verts, épinards, bette, chou, chou-fleur, poireaux… (pour les vitamines et les fibres)
● 1 bol chinois de féculents (riz complet, soja, pâtes, haricots secs, lentilles…) ou de pommes de terre pour les glucides lents et les fibres
● 1 noisette de margarine au tournesol (5 g) ou de beurre allégé
● 100 g de fromage blanc maigre non sucré ou édulcoré
● 1 petit fruit lavé mais non pelé (si celui-ci n'a pas été consommé lors de la collation du matin).

Collation de l'après-midi :
● 1 yaourt à 0 % de matières grasses
● 1 boisson chaude ou froide sans sucre ou édulcorée.

Dîner :
● 1 bol de potage maison à base de légumes : poireaux, céleris, carottes, navets, champignons, ail, oignons… pour les vitamines et les fibres et une petite pomme de terre pour les glucides, dans lequel vous aurez mélangé un petit verre de lait écrémé ou demi-écrémé
● 100 à 150 g de poisson ou viande cuit sans matière grasse
● 1 bol chinois de féculents (riz complet, soja, pâtes, haricots secs, lentilles…) ou de pommes de terre pour les glucides lents et les fibres
● 100 à 200 g de légumes verts avec 10 g de margarine pour les acides gras essentiels
● 1 tranche de pain complet de préférence ou blanc
● 1 petit fruit lavé mais non épluché.

Dans la soirée (facultatif) :
● 1 infusion (tilleul…).

VOTRE RÉGIME

Quelques conseils
● **Alternez céréales, pâtes, pommes de terre et légumineuses midi et soir pour éviter la lassitude.**
● **Gardez la main légère sur les lipides : 10 g de margarine allégée, c'est une noix, c'est-à-dire 54 calories.**
● **Alternez également les fromages allégés : vous en trouverez en vente à la coupe dans votre supermarché.**
● **Buvez un petit verre de vin à l'un des repas (15 cl de vin à 10° par exemple) si vous ne pouvez vous en passer.**

Les yaourts maigres contiennent autant de calcium que les yaourts au lait entier.

Le piège de la télé

Regarder la télévision est un geste passif qui encourage à avoir un comportement non moins passif, en l'occurrence à l'égard de la nourriture. Il est par ailleurs intéressant de remarquer qu'en regardant la télé, on ne regarde pas ce que l'on mange, et notamment la quantité d'aliment ingéré. Ce qui conduit à des excès. En revanche, vous pouvez confectionner un plateau-repas équilibré pour visionner votre émission préférée, mais n'en faites pas une habitude. Vous savez maintenant que l'une des règles de la minceur est de manger assis, en prenant son temps.

Collez une photo de vous sur le frigo

Vous avez le choix entre un cliché pris «avant», du temps où vous étiez mince comme vous souhaitez le redevenir (vous en maillot de bain à La Ciotat en juillet 1992), ou une photo prise quelques temps avant que vous commenciez votre régime (vous à la fête de l'école, boudinée dans une robe vert amande). Dans les deux cas, l'effet est garanti, et vous y réfléchirez à deux fois avant de vous jeter sur le contenu du réfrigérateur.

Pour éviter de craquer entre les repas

Il est parfois difficile de résister à la tentation de grignoter entre les repas. Voici quelques astuces pour vous aider à tenir bon.

Buvez, buvez

Ayez toujours à portée de main une bouteille d'eau minérale : au bureau, dans votre voiture, dans votre sac à main, dans votre chambre... et dans chaque pièce de la maison. Vous aurez rapidement le réflexe de boire au moment des fringales ou quand vous vous ennuierez, plutôt que de vous jeter sur les sucreries.

Croquez pour ne pas craquer

Chaque soir, découpez des bâtonnets de légumes : carottes, céleri, concombre, bouquets de chou-fleur crus... que vous aurez à disposition dans votre frigo en cas de fringale. Nul n'a encore souffert d'une orgie de chou-fleur... à 60 calories les 100 g.

La gym : pour oublier de manger

Remplacez vos après-midi thé et gâteaux entre copines par une séance de gym, bien meilleure pour votre silhouette. Pendant que vous vous concentrerez sur le galbe de vos biceps, vous ne penserez pas aux tartines de pain beurré.

Mâchez des chewing-gums sans sucre

Autorisez-vous la consommation d'un à deux chewing-gums par jour : un le matin, un l'après-midi par exemple pour vous occuper la bouche. Mais résistez à la tentation d'en reprendre un autre quand il n'a plus de goût, c'est-à-dire de sucre. A ce propos, sachez que les chewing-gums sucrés «pèsent» 4 calories au g, contre 2,4 calories pour les chewing-gums aux polyols. La différence n'est pas frappante.

Faites le plein de fromage blanc

En cas de fringale, pourquoi ne pas consommer 100 g de fromage blanc, édulcoré si vous ne pouvez vous dispenser du goût sucré ? Pour ne pas avoir la main lourde sur les quantités, achetez votre fromage blanc par petits pots de 100 g et non par gros pots de 1 kg, même si ces derniers coûtent moins cher. Vous saurez ainsi exactement quelles quantités vous aurez absorbées.

Préparez-vous des infusions

Quand l'envie vous prend, le soir, devant la télé, de grignoter des sucreries, préparez-vous une infusion de tilleul ou de fleurs d'oranger : leur arôme naturel subtil pourra vous aider à surmonter votre besoin de manger.

Mangez un fruit

Ayez toujours dans votre sac à main ou dans le tiroir de votre bureau un fruit (pomme ou même orange, beaucoup plus compliquée à déguster) pour calmer vos fringales. Les fibres alimentaires et le fructose qu'ils contiennent vous rassasieront de façon durable.

Evitez les sucres rapides

Evitez de consommer des aliments sucrés, notamment en dehors des repas. Dans ce dernier cas, l'effet est catastrophique : ils sont rapidement assimilés et stimulent l'appétit plutôt que de le calmer.

Faites cinq repas par jour

Ce n'est pas pour rien que nous vous conseillons de faire une, voire deux collations par jour. Même si vous sortez de table en ayant encore un peu faim, vous savez que, dans deux heures, vous aurez droit à un yaourt, une pomme, avec une infusion. Et que dans une heure, vous pourrez recommencer à boire. Le délai à «tenir» entre deux repas principaux vous semblera plus court, et vous risquerez moins de «craquer».

Ne restez pas inactive

La plupart des femmes avouent grignoter par désœuvrement, parce qu'elles s'ennuient, pour pallier un manque, un vide. La nourriture fait office de compensation. Nombreuses sont les femmes au foyer qui avouent grignoter toute la journée parce qu'elles tournent en rond entre leurs quatre murs. Or, quand on est occupé(e), on ne pense pas à manger. Sortez faire les boutiques, allez au cinéma, rendez-vous chez le coiffeur ou chez l'esthéticienne, offrez-vous un musée... en bref, occupez-vous de vous ! Et vous verrez que vos envies de sucre s'évaporeront comme par magie !

VOTRE RÉGIME

Faites place nette dans vos placards

Pour ne pas avoir de tentations, le plus simple est de les éviter. C'est pourquoi vous vous débarrasserez de tous les aliments susceptibles de vous faire prendre du poids : chocolat, confiseries, sucre blanc, miel, confiture, boîtes de raviolis, beurre, lard, crème fraîche... Pas toujours facile à faire quand on vit en famille. Profitez de votre période de régime pour modifier les mauvaises habitudes alimentaires de la maisonnée, en remplaçant par exemple le beurre par du beurre allégé ou de la margarine, la confiture par une compote de fruits sans sucre ajouté, les confiseries par des fruits secs et oléagineux. Vos enfants font de la résistance ? Acceptez de racheter les confiseries qu'ils apprécient et que vous, vous n'aimez pas. Mais faites en sorte qu'ils en limitent la consommation : c'est dès l'enfance que se prennent les bonnes habitudes alimentaires.

Pour modifier votre alimentation

Vous savez désormais qu'à poids égal, certains aliments sont nettement plus caloriques que d'autres. Votre intérêt est donc de consommer des aliments volumineux, pauvres en calories, et de délaisser les mets gras et sucrés, bourrés d'énergie inutile.

Tableau des équivalences

Vous trouverez dans le tableau suivant quelques exemples d'aliments et de combinaisons alimentaires comparables au niveau de l'apport calorique global, mais non au niveau de l'intérêt nutritionnel. Nous avons hélas une fâcheuse attirance pour les aliments les plus catastrophiques pour notre ligne (et notre santé). Il convient de profiter de cette période de régime pour remplacer les «bombes à calories» que sont les barres chocolatées, fritures, sucreries, pâtisseries... par des aliments authentiquement nutritifs.

C = Calories
P = Protides
L = Lipides
G = Glucides

Valeur calorique	Aliment conseillé	P	L	G	Aliment déconseillé	P	L	G
50 calories	• 200 g de haricots verts	1,5	0,2	4	• 1 cuil. à café d'huile	0	5	0
	• 1 petite tranche de jambon blanc dégraissé	10	2	0,2	• 2/3 noix	1,5	4,5	1,5
	• 2 dattes	0,2	0	12	• 1 tranche de chorizo	2	6,5	0
100 calories	• 2 petits pots de fromage blanc à 0 % de matière grasse	8,5	0	38	• 1/2 croissant au beurre	1,8	4,4	14,5
250 calories	• 200 g de crevettes	48	4	0	• 1 hamburger	15	14	23
500 calories	• 1 escalope de dinde de 150 g + 200 g de haricots verts cuits avec une noisette de margarine allégée + 2 cuillerées à soupe de riz + un yaourt nature	54	8,7	39,4	• 1 tablette de chocolat	5	30	65
1000 calories	• 1 steak de 140 g + 100 g de PDT à l'eau + 1 part de salade verte avec 1 cuil. à soupe de vinaigrette allégée + 200 g de brocolis + une pomme + 1 bol de soupe + 200 g de colin + 100 g de carottes rapées avec 1 cuil. à soupe de vinaigrette allégée + 1 yaourt nature	80,4	25	85,8	• 165 g de cacahuètes, pistaches, noix de cajou... apéritives (c'est-à-dire 4 à 5 poignées...)	44,5	72,6	38

Nous vous proposons maintenant de rééduquer votre alimentation et de combattre le surpoids en remplaçant certains aliments «confortables», au niveau du goût et du mode de préparation, par des aliments plus équilibrés.

Aliment «hautes calories»	C	P	L	G	A remplacer par	C	P	L	G
1 portion de frites (140 g)	508	4,2	28	60	1 portion de pommes de terre vapeur (140 g)	126	2,8	0	26,6
1 côte de mouton (140 g)	420	25	35	0	1 blanc de poulet (140 g)	173	31	5,6	0
5 cuillerées à café de Nutella®	405	6	22,5	44	5 cuillerées à café de compote de fruits sans sucre	100	0	0	25
1 whisky coca	451	0	0	67	1 verre de Coca light	1	0	0	0
1 tablette de Crunch®	529	8	29	60	1 pomme	78	0,5	0	18
4 tranches de saucisson	401	24	32,8	2	1 tranche de jambon	65	5	3	1
2 pains au chocolat	556	10	28,2	65,4	2 tranches de pain complet grillé	70	1,2	0,4	29
1 sandwich beurre/saucisson	538	15	28	56	1 sandwich au jambon	221	10	3,5	35
1 part de quiche	580	17	45	27	1 boîte de thon au naturel	125			
3 poignées de cacahuètes	627	28,2	46,2	24	10 bâtonnets de carotte	35	1	0,3	7,5
1 andouillette	480	34	37	2	1 steak de bœuf	148	28	4	0
1 mousse au chocolat	445	9	27	41	100 g de fromage blanc à 10 % de matière grasse	60	8,2	1,5	3,5
350 g de paella	582	20	38	40	1 portion de riz + 1 portion de moules marinières	229	22	3	28,5
3 cuillerées à soupe d'huile	405	0	42	0	1 cuillerée à soupe de vinaigrette allégée	43	0	4,5	0,5
1 part de quatre quarts	462	5,3	26	51	2 yaourts à la vanille	156	7	2	27
1 barre chocolatée	285	3	14	37	1 banane	135	2,2	0	30
100 g de mayonnaise	720	1	79	1	1 sauce moutarde/fromage blanc	71	8	3	3
1 saucisse de Toulouse	425	18	39	1	1 escalope de veau	238	26,5	2,5	0
100 g de céréales Nesquick®	395	4,1	4,4	84,9	1 portion de flocons d'avoine	155	5,6	2,8	27
100 g de pâte diamandes	491	10	27	52	1 mousse au chocolat light Sveltesse	73	3	1,5	11,8
1 «Big Mac» de chez Mc Donald's ®	560	26	33	44	1 steak haché à 5 % de MG + 100 g de haricots verts	169	23,5	5	7

Si vous dînez au restaurant

Ce n'est pas parce que vous êtes au régime que vous allez refuser l'invitation de votre conjoint ou de votre meilleur(e) ami(e). Maigrir : oui. Faire une croix sur le plaisir que procurent les relations humaines : non. Il existe quelques règles simples pour dîner au resto sans craindre pour sa ligne.

Si vous avez le choix, préférez un resto asiatique ou un restaurant maghrébin. Dans le premier, de nombreux plats sont à base de volaille et de légumes. Vous pourrez alors choisir des plats peu caloriques. Quant au resto maghrébin, on y mange du couscous, et rappelons que le couscous est un plat très intéressant du point de vue nutritionnel car il contient :

● **de la semoule (riche en méthionine)**

● **des pois chiches (riches en lysine)**

● **des légumes (pour les vitamines)**

● **et un peu de viande (pour les protéines animales). Néanmoins, la combinaison semoule/pois chiches apportant déjà les acides aminés essentiels, inutile de vous gaver de viande, riche en graisses saturées.**

Mener de front régime et vie sociale : rien d'impossible

Etre en phase d'amincissement et continuer à mener une vie sociale relève souvent de l'exploit. Voici quelques idées pour vous aider à mieux vivre cette période.

Laissez les autres apprivoiser votre nouvelle image

Vos proches et relations s'étaient habitués à votre physique. Ils vous acceptaient telle que vous étiez. Mais vous, vous ne vous supportiez plus. Pour preuve : ce régime que vous avez entrepris. Souvent, l'entourage éprouve quelque difficulté à comprendre les motivations du candidat à la perte de poids et s'acharne à tenter de contrecarrer ses projets. L'important pour vous est de réussir à maintenir le cap, sans écouter ce que pourront vous raconter vos proches.

Evitez de trop vous épancher sur vos difficultés pendant toute la période de votre amincissement. Il y aura des moments difficiles, des rechutes, des écarts. Mais quand vous serez parvenue à votre poids de forme, et que vous vous y serez stabilisée, tous vos amis crieront en chœur : «C'est fou ce que tu es séduisante depuis que tu as perdu du poids !»

Le plaisir d'être perçue différemment

Quant à vous, vous serez surprise de constater combien le regard des autres sur vous a pu évoluer :

● Dans les magasins de vêtements, Les vendeuses de vêtements cesseront de vous toiser du haut de leur 36 ;

● Les clients de la boulangerie ne s'esclafferont plus quand vous achèterez trois pains au chocolat (pour vos enfants) ;

● Au restaurant, tous les regards ne seront plus braqués sur vous quand vous dégusterez une mousse au chocolat : «elle est déjà assez grosse comme cela» ;

● Vos amies vous demanderont des conseils pour s'habiller et se coiffer, pourront même devenir jalouses de cette rivale potentielle !

● Les personnes du sexe opposé recommenceront à vous regarder, et votre conjoint redeviendra amoureux comme avant... ;

● Et vos enfants ne vous demanderont plus, Madame, si vous attendez un bébé.

Vos repas au restaurant d'entreprise

Le restaurant d'entreprise est un lieu idéal... pour échouer. Dieu merci, maintenant la plupart des cantines se sont transformées en self-services. Chacun peut donc composer son menu selon ses envies et ses besoins. Que choisir ? Quels aliments éviter ?

● En entrée, bannissez la charcuterie. Préférez les crudités non assaisonnées sous peine de voir votre addition calorique grimper en flèche.

● En plat de résistance, choisissez un poisson - sans sauce, s'il vous plaît - accompagné d'un légume vert ou de riz, pâtes, lentilles... Mais attention : le chef a souvent la main lourde sur les lipides ajoutés aux légumes.

● Ne mangez que les quantités indiquées dans votre régime, et laissez l'excédent sans scrupules. Si le légume ou la céréale qui accompagne le poisson est vraiment trop gras, consommez à la place une deuxième crudité sans sauce. Et mangez des légumes cuits le soir et le week-end. Les crudités consommées à outrance ont fâcheuse tendance à irriter l'intestin.

● Choisissez un yaourt maigre ou nature en dessert, toujours moins riche en lipides qu'une part de fromage. Fuyez les entremets, mousses et gâteaux.

● Autorisez-vous une tranche de pain. Et évitez de sucrer votre café.

A l'heure du thé

Si vous avez l'habitude de recevoir des ami(e)s autour d'une tasse de thé, remplacez les traditionnels gâteaux hypercaloriques par quelques fines tranches de pain grillé proposées avec de la confiture que vous aurez confectionnée vous-même en remplaçant le sucre par du fructose (on en trouve maintenant dans les supermarchés), de la compote sans sucre ajouté : framboises, groseilles, pommes, riches en fibres. Pour varier les plaisirs, proposez un large assortiment de pains : complet, aux six céréales, au pavot, de seigle... mais ne vous laissez pas abuser : une tranche de pain, c'est encore et surtout 35 calories. Plus la confiture que vous mettez dessus.

Quand vous êtes invitée chez des amis

Il est toujours délicat de refuser un plat sous prétexte que «l'on est au régime». Il faut donc que vous appreniez à vous taire... et à manger un peu - le moins possible - de tout, pour ne pas vexer vos hôtes.
Exceptionnellement, ne mangez pas de pain, pour perdre par ici les quelques calories que vous gagnez par là. Evitez la sauce, le beurre, la crème. Ne prenez pas de fromage. En revanche, ne lésinez pas sur le poisson ni sur les légumes. Et pour éviter que l'on ne vous resserve en vin... ne le buvez pas, ou par petites gorgées.

Habituez-vous à votre nouvelle image

Pour vous, il ne sera pas évident d'assumer les modifications dues à cette métamorphose. Parfois, vous pourrez avoir un peu peur, et pour pallier cette crainte, vous serez tentée de recommencer à vous enrober dans les kilos qui vous cachaient. Accordez-vous un délai afin de vous habituer à votre nouvelle image. Et laissez également du temps à votre entourage.

Votre médecin généraliste

Sans doute avez-vous un médecin de famille. Il vous connaît bien et depuis longtemps. C'est pourquoi il a souvent une vision globale de votre personne, connaît votre passé médical, vos difficultés. De votre côté, vous avez confiance en lui : vous pouvez tout à fait lui demander de prendre en charge votre programme d'amincissement.

Il établira un bilan de votre surpoids, et vous prescrira un régime adapté, en vous demandant de venir le revoir tous les mois ou tous les deux mois.

Néanmoins, votre médecin peut également vous orienter vers un spécialiste.

Le coaching

Les spécialistes français de l'amincissement ont récemment souligné l'importance d'un suivi par un professionnel de la minceur. Ils préconisent généralement une consultation par mois. Cette surveillance permet au candidat à l'amincissement d'augmenter ses chances de voir aboutir son projet. Car c'est bien connu, l'union fait la force.

Les spécialistes de l'amincissement

Des professionnels de la santé et de l'amincissement sont à votre écoute pour vous aider efficacement à perdre les kilos indésirables.

Le médecin nutritionniste

La spécialisation de «nutritionniste» est officiellement reconnue depuis 1991. Mais les jeunes médecins suivant cette spécialisation ne seront pas opérationnels avant quelques années, c'est-à-dire avant la fin de leurs études. En attendant, fiez-vous aux valeurs sûres, c'est-à-dire aux médecins endocrinologues-diabétologues ou à ceux qui ont exercé dans les centres hospitaliers et universitaires. Une autre piste : les médecins généralistes ayant suivi une formation continue à l'université sur une ou plusieurs années pour obtenir un diplôme universitaire (D.U.) en nutrition/diététique.

Votre médecin fera avec vous le point sur votre surpoids. Il pourra vous poser les questions suivantes : quand votre embonpoint est-il apparu ? Dans quelles circonstances ? Y a-t-il des cas d'obésité dans la famille ? des maladies génétiques telles que hypercholestérolémie et diabète ? Etes-vous sujette à des troubles du comportement alimentaire ?

Il vous examinera, vous pèsera, vous mesurera ou vous demandera votre taille, et pourra estimer l'importance de la masse grasse par rapport à la masse maigre par différents procédés :

● Mesure du pli cutané : le médecin, la main posée à plat sur une partie du corps, pince la peau et mesure le résultat avec un compas spécial (la plus courante).

● Echographie : elle est utile pour estimer l'importance du tissu adipeux sous-cutané.

● Tomodensitométrie, impédancemétrie... (rare).

Il prescrira ensuite un examen de sang pour savoir si l'obésité a une origine hormonale (ce qui est très rare) et pour vérifier les taux de cholestérol et de diabète sanguins.

Après enquête diététique, il mettra au point un régime personnalisé sur plusieurs mois, qu'il reverra régulièrement avec vous au fil des consultations, en fonction des résultats obtenus.

Ce régime porte sur la valeur calorique globale ainsi que sur la répartition entre lipides, glucides et protides.

Si vous ne vous sentez pas suffisamment en confiance avec votre médecin, ou bien que vous ne le sentez pas à l'écoute, ou encore que vous avez le sentiment qu'il ne vous prend pas au sérieux : changez-en ! Le surpoids et l'amincissement sont un sujet assez douloureux pour que vous soyez prise en considération, écoutée, comprise.

La diététicienne

Titulaire d'un diplôme d'Etat, elle connaît la valeur calorique de chaque aliment, mais également sa teneur en lipides, protides, glucides, vitamines, sels minéraux, oligo-éléments. C'est pourquoi elle est votre partenaire privilégiée pour mettre au point un programme-minceur en fonction de vos habitudes alimentaires et de vos goûts.

Elle établit d'abord le bilan de ce que vous consommez en une journée, grâce à un interrogatoire minutieux. Elle repère ainsi vos erreurs alimentaires (consommation trop élevée de lipides, pas assez de glucides...).

Elle concocte ensuite un programme d'amaigrissement personnalisé que vous devez suivre le mieux possible. Pendant cette phase de régime, vous noterez, sur un petit carnet, quels sont les écarts que vous avez faits, quand, et pourquoi. Cette démarche vous permettra, lors de votre prochain rendez-vous, de mieux comprendre ensemble quels sont les événements susceptibles de vous faire «craquer».

Elle modifie le programme-minceur régulièrement en fonction des résultats, et prescrit, une fois atteint le poids que vous vous étiez fixé ensemble, un régime de stabilisation que vous devrez suivre un certain temps.

Elle mettra l'accent sur le fait que vous ne pourrez rester mince en continuant à avoir de mauvaises habitudes alimentaires.

Rien ne s'oppose à ce que vous consultiez et un médecin nutritionniste (qui tracera les grandes lignes de votre programme d'amincissement) et une diététicienne (qui aménagera votre régime en fonction de votre personnalité et de vos goûts culinaires).

Où s'adresser ?

Pour obtenir les coordonnées d'un médecin nutritionniste reconnu, consultez les pages jaunes, rubrique : «médecins : diabétologie-nutrition, nutrition». Certains hôpitaux proposent également des consultations de médecins spécialisés en nutrition : renseignez-vous auprès de l'établissement le plus proche de votre domicile. Il est également possible de demander à votre généraliste qu'il vous oriente vers un thérapeute compétent.
Pour obtenir les coordonnées d'une diététicienne diplômée :
Association des diététiciens de langue française :
35, allée Vivaldi
75012 Paris
01 40 02 03 02

Les spécialistes de l'alimentation vous aideront à composer votre assiette.

De plus en plus d'enfants obèses

Aux Etats-Unis, la proportion d'enfants obèses est de l'ordre de 30 %. En Europe, les chiffres ne sont pas encore aussi inquiétants, même si le surpoids de l'enfant est un phénomène qui a tendance à augmenter. La modification de nos habitudes alimentaires, bousculées durant ces vingt ou trente dernières années, contribue à rendre nos enfants trop gros.

Les enfants surprotégés

Les enfants uniques ou ceux dont les parents ont divorcé sont souvent plus «couvés» que les autres. Inconsciemment, on tente de compenser leur manque et leur frustration en leur proposant de la nourriture, et en quantité excessive. Donner à manger, c'est le premier geste que fait la mère pour son enfant. Or, il ne faut pas confondre ni donner à nos enfants la possibilité de faire l'amalgame entre don de nourriture et don d'amour. Chacun connaît l'importance de l'affectif dans l'acte alimentaire.

Limiter...

... les bonbons, sucreries, laitages gras, hamburgers, chips, gâteaux, fritures, viandes grasses... et la télévision. Pour l'enfant, mais aussi pour toute la famille.

Prévenir le surpoids chez l'enfant

L'obésité est un problème douloureux à vivre pour nous, adultes. Mais pour l'enfant, il est également un handicap. Les médecins sont unanimes pour dire que l'amaigrissement d'un enfant (ou d'un adolescent) trop gros ne peut s'obtenir que si ce dernier a pris lui-même la décision de perdre du poids.

Les causes

L'alimentation

Une récente étude menée par M. F. Rolland-Cachera de l'INSERM tend à prouver que ce sont les enfants qui ont consommé le plus de protéines et le moins de lipides avant deux ans qui deviennent les plus gros !

Il faut donc, durant les premières années de la vie, privilégier la consommation de lipides et non celle des protéines. Débuter la diversification alimentaire vers l'âge de 5/6 mois, pas avant, et donner du lait entier à son enfant jusqu'à l'âge de 2 ans sont donc deux mesures qui permettent de lutter contre l'obésité. Une alimentation riche en lipides et en acides gras essentiels, et pauvre en protides durant les premières années de la vie doit, au fur et à mesure que l'enfant grandit, devenir pauvre en lipides et riche en protides et en glucides.

Or, c'est l'inverse qui se produit. Les tout jeunes enfants ont une nourriture trop protéinée, tandis que l'alimentation de leurs aînés est devenue beaucoup trop grasse et sucrée : hamburgers, frites, croquettes, biscuits, pop-corn, laitages gras à boire... et un accès quasi permanent au réfrigérateur. On considère que les enfants américains absorbent deux fois plus de lipides que ce qu'ils devraient consommer. Et nous, Européens, sommes en train de leur emboîter le pas.

La télévision

Omniprésente dans chaque foyer, elle facilite l'alimentation compulsive et anarchique : on mange, sans même s'en rendre compte, des paquets de cookies ou de chips en visionnant son émission favorite.

Le manque d'activité physique

On brûle beaucoup moins de calories quand on regarde la télé que quand on fait du sport. A force de remplacer le base-ball ou le foot par les dessins animés, les enfants prennent du poids. Tout comme leurs parents d'ailleurs.

Le manque de sommeil

L'hormone de croissance a également la propriété d'intervenir sur l'élimination de la masse grasse en excès. Cette hormone a la particularité d'être sécrétée uniquement pendant le sommeil nocturne. Résultat : les enfants qui ne dorment pas assez peuvent avoir une déficience de cette hormone à grandir et à maigrir.

Pour prévenir le surpoids chez l'enfant

Réhabiliter...

... le petit déjeuner pour éviter la fringale de sucreries de 11 heures. Doivent figurer au menu : céréales, laitages et fruits.

Inciter...

... à pratiquer une activité physique, quelle qu'elle soit : rollers, marche, karaté, tennis de table, cyclisme... Pour montrer l'exemple, pourquoi ne pas vous rendre tous les mardis soirs à la piscine en famille ?

Eviter...

... la cantine dans la mesure du possible. On y propose souvent une nourriture trop grasse (qu'ils dévorent) ou inadaptée aux goûts des enfants (qui se jettent alors sur le saucisson et la religieuse au chocolat). Si votre domicile n'est pas très éloigné de l'école, mieux vaut que votre enfant rentre déjeuner. Quitte à préparer son repas la veille au soir pour le réchauffer le lendemain au micro-ondes.

Remplacer...

... les friandises du goûter par une tranche de pain complet et deux carrés de chocolat noir, une banane, une orange ou une pomme.

Manger...

... à heures fixes et éviter le grignotage entre les repas.

Sein ou biberon : quelle différence ?

Les enfants nourris au sein risqueraient moins de développer, plus tard, une obésité que les enfants nourris au biberon, parce qu'un enfant nourri au sein prend exactement ce dont il a besoin, contrairement à un enfant nourri au biberon, qui peut finir de boire machinalement ou stimulé par sa mère.

De même, on trouverait plus d'obèses chez les enfants ayant été nourris précocement à la cuillère. Ce sont d'ailleurs souvent les enfants qui sont passés directement du sein à l'alimentation solide, sans passer par l'étape « biberon «, soit par refus de l'enfant, soit par principe de la mère.

Informer

Transformez-vous en prof de diététique pour expliquer à vos enfants quels sont les apports journaliers dont ils ont besoin en protides, lipides, glucides, acides gras essentiels, sels minéraux et vitamines. Et pourquoi ne pas concevoir ensemble des affiches et tableaux que vous punaiserez dans la cuisine ?

Boire

Sans se forcer mais de l'eau. Les boissons light sont peu recommandées car elles habituent l'enfant au goût sucré. Quant aux sodas et sirops, ils sont fortement déconseillés.

Pour stabiliser votre poids

La phase de stabilisation : une étape fondamentale pour conserver la ligne.

Vous souhaitiez perdre du poids et, aujourd'hui, vous constatez que vous avez enfin atteint votre objectif. Bravo ! Pour préserver votre tout nouvel équilibre, vous devez, avant de reprendre une alimentation moins restrictive, asseoir les résultats obtenus en passant par une phase de stabilisation.

Que faire pour relancer l'amincissement ?

Faites une pause.
Si vous ne vous sentez plus aussi motivée qu'au début (cela arrive lorsque la perte de poids stagne malgré un programme alimentaire bien suivi), rien ne s'oppose à ce que vous entamiez une période de stabilisation. Votre organisme recommencera alors à dépenser la même énergie qu'avant le régime pour l'entretien et les fonctions vitales de votre corps au repos à l'exception de l'énergie utilisée auparavant pour entretenir la masse corporelle que vous avez perdue.

Entamez un régime mieux adapté
... en suivant un programme d'amaigrissement plus strict. Si vous suiviez un régime à 1800 calories, vous devrez suivre le programme à 1500 calories pour continuer à perdre du poids. Et quand le programme à 1500 calories sera devenu inefficace, vous devrez passer au programme à 1200 calories, car votre masse active aura notablement diminué. Cette méthode demande de la volonté, et ne vous dispense pas de passer par une période de stabilisation dès que vous aurez atteint le poids que vous vous étiez fixé.

Si vous cessez de perdre du poids

Vous suivez un régime pour atteindre le poids que vous aviez déterminé. Depuis quelques semaines, l'aiguille de la balance reste figée sur un résultat supérieur au poids souhaité. Il faut savoir faire une pause pour mieux reprendre ensuite... et mincir à nouveau.

Pas d'objectif impossible

Si vous avez suivi nos conseils, vous avez arrêté un objectif en fonction des résultats obtenus lors du calcul de votre poids idéal mais également en fonction de votre poids de forme personnel. Ce but ne doit pas être irréaliste : trop de poids à perdre en un temps record ou un amincissement si modéré que vous ne sentirez même pas la différence, ce qui est, bien sûr, frustrant : tous ces efforts pour si peu de résultats !

Pour être sûre de perdre du poids

Chaque printemps amène, avec les hirondelles, son cortège de nouveaux régimes miracles censés vous faire perdre 5 kg en 2 semaines sans fatigue ni perte musculaire. En fait, il existe trois manières de gérer l'énergie apportée par l'alimentation.
● Les dépenses énergétiques sont égales aux entrées (la nourriture absorbée) : vous consommez 2000 calories par jour, et vous en brûlez 2000 : même si vous présentez une surcharge pondérale, votre poids restera stable.
● Les dépenses énergétiques sont inférieures aux entrées : vous consommez 2500 calories par jour, et vous en dépensez 2000 : vous prenez du poids.
● Les dépenses énergétiques sont supérieures aux entrées : vous absorbez 1500 calories par jour et vous en brûlez 2000 : vous perdez du poids.
Conclusion : pour maigrir, il faut augmenter les dépenses et réduire les entrées : manger moins, mieux, tout en bougeant davantage. Et toutes les méthodes d'amincissement révolutionnaires apparaissant sur le marché n'y pourront rien changer.
En créant un déficit énergétique, notamment au niveau de la consommation des lipides sur une période de quelques semaines, vous parviendrez à réduire votre masse adipeuse.

Vous ne maigrissez plus : pourquoi, que faire ?

Ce phénomène peut avoir plusieurs causes :

La pesée trop fréquente

Si vous grimpez quotidiennement sur votre pèse-personne, vous n'aurez pas une vision globale de votre perte de poids. Sans doute savez-vous que le cycle hormonal de la femme a une influence sur son poids pouvant aller jusqu'à trois kilos. Ne vous étonnez donc pas de voir, après le 14e jour du cycle, et plus particulièrement du 20e au 28e jour, votre poids grimper malgré le respect de votre programme alimentaire.

Il faut vous habituer à vous peser de manière hebdomadaire, voire mensuelle, en cas de variation pondérale importante due au cycle menstruel (œdème cyclique). Or, c'est de l'eau que vous gardez et non du tissu adipeux.

Il se peut également que vous preniez un petit kilo durant la seconde moitié du cycle parce que vous avez, comme la plupart des femmes, un appétit plus important durant cette période. Après les règles, l'appétit se régule à nouveau, et l'excès de poids disparaît comme il était apparu.

L'organisme s'habitue à son nouvel état

Une personne suivant un programme d'amincissement perd généralement du poids rapidement durant les premières semaines. Puis un jour, le poids stagne. Comment expliquer ce phénomène ?

L'organisme puise dans ses réserves adipeuses l'énergie que vous refusez de lui fournir. Vous êtes ravie : vous maigrissez. Après quelques semaines de ce régime, l'organisme s'habitue à ce nouvel équilibre. Il régule ses dépenses sur l'apport énergétique quotidien. De plus, la masse corporelle étant moins importante qu'en début de programme-minceur, l'énergie dépensée pour «l'entretien» et les fonctions du corps au repos est moins importante. Il faut savoir que, lors d'une perte de poids, le volume du tissu adipeux diminue, mais également la masse musculaire : en effet, une surcharge graisseuse demande un effort physique plus important, d'où augmentation de la masse musculaire. Quand le tissu adipeux en excès a fondu, le tissu musculaire en surplus, devenu inutile, disparaît également.

D'autre part l'organisme, pour pallier la baisse d'apport énergétique que lui fournit le régime, devient économe en réduisant spontanément ses dépenses.

Manger brûle de l'énergie

Lorsque vous mangez, 10 % environ de l'énergie dégagée par les aliments sont utilisés pour transformer, assimiler et stocker ce que vous donnez à votre corps. Plus vous absorbez de nourriture, et plus la thermogenèse alimentaire est importante. Mais plus vous risquez de voir vos recettes énergétiques surpasser vos dépenses, ce qui conduirait votre organisme à stocker cette énergie en excès sous forme de graisse. Conclusion mathématique : ce n'est pas parce qu'une calorie sur dix part en fumée qu'il faut manger pour deux. Quand vous absorbiez 2000 calories, vous dépensiez sans rien faire 200 calories. En période de régime à 1500 calories, vous n'en brûlez plus que 150.

Rien de plus frustrant que de voir la balance afficher un résultat immuable malgré des efforts de restriction et d'équilibre alimentaire.

La durée du programme de stabilisation

Vous devrez suivre ce programme aussi longtemps que vous avez suivi votre régime amincissant. Si votre «cure» a duré trois mois, vous suivrez pendant trois mois votre programme de stabilisation.

Néanmoins, cette période est nettement plus souple que la précédente. Vous pouvez tout à fait permuter un aliment par un autre équivalent, vous permettre un morceau de pain en plus, si vous en tenez compte lors du repas suivant. L'important est de toujours privilégier l'apport en protéines et en sucres à index glycémique bas, et de limiter les lipides à 25 à 30 % de l'apport journalier.

Quel programme de stabilisation choisir ?

Vous aviez choisi, en fonction du poids que vous aviez à perdre, de votre corpulence et du nombre de calories que vous absorbiez quotidiennement avant la période d'amincissement, un régime à 1200, 1500 ou 1800 calories. Maintenant que vous avez atteint le poids que vous vous étiez fixé, ou que vous souhaitez faire une pause dans votre amincissement, il faut à tout prix éviter de reprendre vos kilos, en passant par une période de stabilisation.

La phase de stabilisation

La phase de stabilisation est fondamentale à la réussite de votre régime. Elle vous permettra de vous maintenir à votre nouveau poids.

Modifiez vos habitudes alimentaires

La phase de stabilisation est un moment de «liberté surveillée». Elle est la suite incontournable de votre période de régime. Vous devrez continuer à vous surveiller de très près. En fait, il s'agit encore d'une phase de discipline alimentaire, une sorte de «régime après le régime». Et à l'issue de cette étape de stabilisation, vous devrez surveiller encore votre alimentation, mais de manière beaucoup moins draconienne. Car pour rester mince, il faut modifier profondément ses (mauvaises) habitudes alimentaires. Il n'y a pas de secret : on ne garde pas la ligne en ingurgitant quotidiennement 3000 calories de nourriture essentiellement grasse et sucrée. Vous devrez donc faire preuve de volonté, d'autodiscipline et de rigueur. Et connaître les lois simples de la diététique qui vous permettront de conserver ligne et santé, sans toutefois bannir une certaine souplesse, notamment dans le cadre de la vie sociale.

Programme de stabilisation à 2200 calories

Petit déjeuner :
● 1 bol de thé ou de café ou une infusion sans sucre, ou édulcoré
● 1 yaourt nature ou 100 g de fromage blanc à 10 ou 20 % de matière grasse ou 1 verre de lait demi-écrémé
● 2 tranches de pain complet (pour les fibres) ou à défaut blanc, avec 30 g de margarine ou de beurre allégé et une cuillerée à soupe de confiture (de préférence au fructose) ou de compote de fruits
● 1 fruit frais lavé mais non pelé pour le fructose, les vitamines et les fibres ou, à défaut, 1 verre de jus de fruits (15 cl).

Collation (facultatif) :
● 100 g de fromage blanc maigre ou un petit fruit lavé non pelé
● 1 tasse de thé ou une infusion sans sucre.

Déjeuner :

● 100 à 200 g de crudités au choix : carottes râpées, concombre, salade verte, tomates, radis, melon..., avec une vinaigrette composée à partir de deux cuillerées à café d'huile végétale pour les acides gras essentiels + jus de citron, vinaigre, moutarde, fromage blanc, épices...

● 100 à 150 g de poisson, viande maigre (alterner avec deux oeufs deux fois par semaine) pour les protéines

● 100 à 200 g de légumes verts au choix : haricots verts, épinards, bette, chou, chou-fleur, poireaux... (pour les vitamines et les fibres)

● 1 bol chinois rempli de féculents cuits : céréales complètes (millet, riz, maïs, blé, orge, pâtes...), légumineuses (soja, lentilles, haricots...), ou pommes de terre (pour les glucides lents et les fibres)

● 1 noix de margarine au tournesol ou de beurre allégé

● 100 g de fromage blanc maigre non sucré ou édulcoré

● 1 petit fruit lavé mais non pelé (si celui-ci n'a pas été consommé lors de la collation du matin).

Collation de l'après-midi :

● 1 yaourt à 0 % de matières grasses

● 1 boisson chaude ou froide sans sucre ou édulcorée.

Dîner :

● 1 bol de potage maison à base de légumes : poireaux, céleris, carottes, navets, champignons, ail, oignons... pour les vitamines et les fibres, dans lequel vous aurez mélangé un verre de lait demi-écrémé

● 100 à 150 g de poisson ou viande cuit sans matière grasse

● 100 à 200 g de légumes verts avec 10 g de margarine pour les acides gras essentiels

● 1 bol chinois rempli de céréales, légumineuses, pâtes, riz, ou pommes de terre (vous pouvez également les mélanger au potage)

● 1 noix de margarine ou de beurre allégé

● 1 part de fromage

● 1 belle tranche de pain complet de préférence ou blanc

● 1 petit fruit lavé mais non épluché.

Dans la soirée (facultatif) :

● 1 infusion (tilleul...)

● 100 g de fromage blanc maigre non sucré.

Evitez périodes d'amincissement et de reprise de poids

Certaines personnes passent leur temps à perdre puis à reprendre les kilos perdus. Au fil des régimes, la perte de poids est de plus en plus difficile et longue : l'organisme, échaudé par les restrictions alimentaires que vous lui avez imposées, dépense moins d'énergie et stocke davantage ce que vous lui donnez sous forme de masse grasse. Ce qui explique que des personnes ayant perdu 10 kg, qu'elles ont repris aussitôt, ont davantage de masse adipeuse qu'avant le régime, à poids égal.

Pour éviter ce phénomène, il est important de suivre scrupuleusement une phase de stabilisation, d'adopter des règles diététiques à vie, de faire du sport, et de se peser régulièrement pour réagir par une surveillance rapprochée dès le premier kilo repris.

● Si vous suiviez le programme à 1200 calories : vous adopterez le programme à 1500 calories.

● Si vous suiviez le programme à 1500 calories : vous adopterez le programme à 1800 calories.

● Si vous suiviez le programme à 1800 calories : vous adopterez le programme à 2200 calories, spécialement adapté à votre cas.

Accordez-vous un écart de temps en temps

Un verre de Martini et une poignée de biscuits apéritifs avec des amis, un éclair au café au salon de thé avec votre meilleure copine, ou trois bonbons offerts par votre enfant. Et savourez sans mauvaise conscience. En vous reprenant en main le lendemain.

Remuez-vous !

N'économisez pas vos efforts : boudez les ascenseurs, le bus, le métro, la voiture pour faire les petites courses. Et pourquoi pas, investissez dans un vélo d'appartement que vous installerez à l'abri des regards indiscrets, dans votre chambre.

Rusez !

En utilisant toujours la même (petite) assiette et en mangeant par (petites) bouchées. Lentement. Car rien que le fait de mastiquer brûle des calories...

Conseils pour ne pas regrossir

Ces règles d'hygiène de vie vous permettront de vivre normalement sans reprendre le poids difficilement perdu. Non seulement vous vous maintiendrez à votre poids de forme, mais vous vous sentirez nettement mieux. Car une alimentation bien pensée ne sert pas seulement la silhouette, mais également la santé à court, moyen et long terme.

Buvez 1,5 l d'eau par jour

C'est essentiel pour éliminer les toxines et pour éviter que votre corps ne stocke l'eau que vous lui donnez via les aliments. La rétention hydrosodée touche principalement les personnes qui ne boivent pas suffisamment, et non les personnes qui boivent selon les besoins de leur organisme, c'est-à-dire 1,5 à 2 l d'eau par jour.

Faites trois vrais repas

Agrémentés ou non d'une ou deux collations pour les ex-grignoteuses - et les autres, c'est-à-dire toutes celles qui sont handicapées par la sensation de faim entre les repas.
Le petit déjeuner doit être copieux et permettre de tenir jusqu'au milieu voire jusqu'à la fin de matinée. Ainsi, on évite de se jeter sur les aliments gras de la cantine ! Le déjeuner équilibré peut être achevé par un dessert sucré. Quant au dîner, il doit être léger (pensez aux potages l'hiver et aux salades composées l'été) pour éviter que l'énergie absorbée en excès ne soit stockée par l'organisme.

Ne sautez pas de repas

Le corps, qui a été en état de manque énergétique, a tendance à stocker l'énergie que vous lui fournissez enfin. De plus, on mange toujours plus au repas suivant le repas «oublié».

Veillez à équilibrer votre alimentation

● 50 à 60 % de glucides, en privilégiant les sucres à index glycémique faible

● 25 à 30 % de lipides, en privilégiant les graisses poly- et mono-insaturées
● 12 à 15 % de protides, en privilégiant les poissons, céréales + légumineuses, viandes maigres.

Consommez des fibres

Elles facilitent le transit intestinal, retardent l'absorption des lipides et des glucides, et ont un effet satiétogène certain. Pour mémoire, retenez qu'on les trouve dans les légumes, les fruits, les céréales complètes.

Limitez les entrées énergétiques

Vous devrez manger ce dont votre corps a besoin, et pas plus. Pour cela, recalculez quels sont vos besoins énergétiques en fonction de votre nouveau poids :
11 x poids + 1250 pour une femme
16 x poids + 1350 pour un homme
Soit pour une femme pesant 60 kg (poids de forme atteint à l'issue des périodes de régime et de stabilisation) :
11 x 60 + 1250 = 1910 calories
Soit pour un homme pesant 75 kg (poids de forme à l'issue des périodes de régime et de stabilisation) :
16 x 75 + 1350 = 2550 calories

Faites du sport régulièrement

Faire du sport ne fait pas maigrir mais permet d'entretenir voire d'augmenter l'importance de la masse maigre par rapport à la masse grasse. Et gagner des kilos de muscles longs, ce n'est pas grossir, mais embellir. De plus, le sport permet de brûler des calories et d'éliminer les toxines.

Pesez-vous régulièrement

Sans tomber dans l'obsession de la balance, continuez à vous peser une fois par semaine. Et ne vous affolez pas si votre poids varie un peu dans des périodes de stress ou avant les règles.

POUR STABILISER VOTRE POIDS

Vivre bien grâce à la diététique

**Du grec «diaita», art de vivre, la diététique n'est pas une science barbare réservée aux individus austères, mais une manière de savoir gérer son alimentation pour parvenir à un bien-être physique et psychologique. Elle admet les écarts et les périodes de restriction vécues intelligemment dans un souci d'équilibre.
Beaucoup de glucides lents, une bonne part de protéines, peu de lipides : telle est la règle d'or qui devrait être enseignée aujourd'hui à nos enfants.**

La pomme, riche en pectine, a un effet coupe-faim naturel.

Quelques exemples :

● **2 cuillerées à café de Nutella : 160 calories.**
● **1 canette de Coca : 148 calories.**
● **1 Mars : 265 calories.**
● **1 croissant aux amandes : 450 calories.**
● **1 bière : 150 calories.**
● **100 g de bonbons : 380 calories.**
● **1 glace 2 boules : 280 calories.**
● **1 tranche de pâté : 200 calories.**
● **1 sachet de chips : 570 calories**
● **1 hot-dog moutarde : 400 calories.**
● **50 g de gruyère : 180 calories.**
● **2 cuillerées à soupe de mayonnaise : 220 calories.**
● **1 sachet de Treets : 800 calories.**
● **3 truffes au chocolat : 350 calories.**
● **1 paquet de Palmito : 526 calories.**
● **1 religieuse au chocolat : 230 calories.**

Pour savoir gérer vos écarts

Lors d'un dîner entre amis ou toute seule dans votre cuisine, vous avez «craqué». Pas de panique ! Votre programme d'amincissement n'est pas voué à l'échec pour autant. L'important est de réagir vite et intelligemment. Et de reprendre le combat sans vous culpabiliser !

Un écart, sinon rien

Lorsqu'on commence un régime, on est généralement très motivé. Et puis au fil des semaines, des repas pris en commun, des passages répétés devant les boulangeries, des goûters des enfants, la volonté s'émousse. Un jour, la tentation est trop forte : c'est l'écart.

Vos écarts en chiffres

Petit écart, écart moyen, gros écart... vous réalisez, mais trop tard, que vous avez mis votre régime en péril ! En réalité, les nutritionnistes proposent des régimes dont les règles seront enfreintes immanquablement. L'important est de ne pas renouveler trop souvent l'expérience !

Plusieurs façons de craquer

• **Vous avez consommé un dessert sucré à la fin d'un repas**
Le fait que vous ayez absorbé des aliments au cours du repas précédant votre écart jouera en votre faveur. En effet, l'assimilation des glucides rapides (et des lipides) sera ralentie par la présence d'autres aliments. Néanmoins, mangez léger au repas suivant, et buvez beaucoup d'eau.
• **Vous avez fait un écart isolé : croissant aux amandes ou Mars pendant que vous vous promeniez en ville**
L'énergie que vous absorbez va être tout de suite assimilée par votre organisme en état de restriction. Les sucres rapides vont passer dans le sang, stimulant la sécrétion d'insuline. Attention à ne pas renouveler trop souvent ce type d'expérience pour ne pas risquer de voir votre régime capoter.

• Vous avez consommé trop de lipides lors d'un repas
Ils ne seront pas brûlés comme les glucides ou les protides, mais stockés. Durant les repas suivants, mangez peu de lipides pour compenser.

• Vous avez consommé trop de protéines
Elles ne peuvent être stockées et seront éliminées. Néanmoins, on mange rarement des protéines seules, mais souvent accompagnées de lipides (viande grasse, charcuterie). Vous risquez dans ce cas de reprendre du poids ou au mieux de ne pas en perdre.

Pour gommer votre écart

Quelle que soit la nature et l'importance de votre écart :

● Mangez léger au cours des repas suivants : le jour même, mais également le lendemain. Mais surtout ne sautez pas de repas. Si vous avez fait un écart le midi et que, le soir, vous n'avez pas faim, consommez 200 g de fromage blanc maigre non sucré (ou édulcoré) pour préserver votre masse maigre.

● Buvez beaucoup d'eau, thé léger, tisane..., pour éliminer les toxines.

● Privilégiez l'apport protéique et limitez les lipides, notamment les lipides saturés.

● Bougez davantage que d'habitude, en vous offrant un petit détour par la piscine ou en effectuant une balade à vélo. Ou rendez-vous à votre travail à pied.

● Remplacez le repas du soir par une soupe de poireaux (diurétique et détoxifiante) et 4 blancs d'œufs durs.

● Et surtout : ne vous jetez pas sur la nourriture pour vous punir d'avoir craqué : vous risqueriez de voir tous vos efforts anéantis.

POUR STABILISER VOTRE POIDS

Dînez au resto sans craquer

Vous êtes invitée à dîner et vous allez être confrontée à une carte fort appétissante. Pour limiter les dégâts, voici quelques conseils :

● Mangez une pomme ou un œuf dur, ou encore 100 g de fromage blanc maigre une heure avant le rendez-vous. Avant de partir, buvez un grand verre d'eau.

● Remplacez le traditionnel apéritif par un jus de tomates ou, à défaut, un jus d'oranges. Et snobez les biscuits apéritifs.

● Choisissez un programme léger : crudités ou plat à base de poisson en entrée, poisson ou volaille en plat de résistance (avec des légumes), salade de fruits ou sorbet en dessert. Si votre sortie est prévue, rusez avec vous-même en mangeant léger le jour précédent - mais également le lendemain.

Mieux vaut diminuer, voire stopper sa consommation de bonbons, riches en sucres simples et colorants.

Faites du sport pour mincir et rester mince

Un esprit sain dans un corps sain... et ferme !

Chacun sait aujourd'hui que la pratique d'un sport ne fait pas maigrir, mais qu'elle aide efficacement à obtenir et à conserver l'amincissement. En vous musclant, vous allez trouver ou retrouver une silhouette plus harmonieuse, une peau plus tonique, un corps plus appétissant. D'autre part, l'énergie indispensable pour entretenir vos muscles même au repos vous permettra de brûler davantage de calories... Alors, à vos baskets !

Sport et confiance en soi

Quand on est trop grosse, on prend son corps en grippe. Les miroirs, le regard des autres et les vêtements devenus trop justes sont là pour nous renvoyer douloureusement à notre surpoids. Pratiquer un sport permet de nous réconcilier avec «l'enveloppe trop grande» qui nous sert de corps. Le tissu musculaire devient plus important, les chairs plus fermes. Parallèlement, la confiance en soi s'accroît, d'autant plus si les résultats, tant sur la balance que lors des performances physiques, sont encourageants. En outre, pratiquer un sport requiert de l'autodiscipline, toujours satisfaisante pour l'ego.

N'oublions pas que de nombreuses activités sportives nous font fréquenter des clubs, salles, stades... où nous rencontrons d'autres personnes, sportives ou peu sportives, comme nous. Quant aux sports d'équipe, ils permettent de reprendre contact avec les autres et avec soi-même, ce qui fait souvent défaut à la «bonne grosse» peu sûre d'elle.

Le sport pour vous aider à maigrir

Les régimes que nous vous proposons dans cet ouvrage sont destinés à des personnes relativement sédentaires. Pour potentialiser votre amincissement, il est indispensable de pratiquer régulièrement une activité sportive.

Sport et amincissement

Le sport ne fait pas maigrir... mais il y contribue. La pratique d'une activité physique brûle des calories. L'organisme doit puiser dans ses réserves de graisse corporelle. Ce qui explique que certaines personnes perdent du poids rien qu'en pratiquant un sport, sans faire de régime. Autre bénéfice : le sport augmente la proportion de la masse musculaire. L'entretien de cette dernière demande plus d'énergie (même au repos, même en dormant) que l'entretien de la masse grasse. C'est pourquoi les personnes musclées brûlent plus de calories que les personnes de même poids peu musclées.

Pour perdre du poids en pratiquant une activité physique, mieux vaut privilégier les sports d'endurance, demandant un effort moyen mais sur une période longue. Pourquoi ? Tout simplement parce que le corps puise d'abord son énergie dans le glycogène (la réserve en sucre présente dans les muscles et le foie). Quand les réserves de glycogène sont épuisées, c'est-à-dire après une demi-heure environ, le corps puise alors dans ses réserves de graisse corporelle.

Sport, cholestérol et diabète

La pratique d'une activité physique a une incidence positive sur le taux de cholestérol : en effet, elle augmente le bon cholestérol et réduit le mauvais ! En outre, le sport permet de diminuer le taux de diabète sanguin en favorisant la pénétration du sucre dans le tissu musculaire, où il sera utilisé durant l'effort physique.

Sport et appétit

Certaines personnes n'osent pas pratiquer d'activité sportive de peur de voir leur appétit grimper en flèche... Si vous êtes sujette à des fringales après avoir pratiqué une activité sportive, c'est sans doute parce que vous ne mangez pas suffisamment aux repas précédant l'effort (petit déjeuner ou déjeuner). Résultat : un grand «coup de pompe» suivi d'une envie de dévorer. Plutôt que de vous jeter sur une nourriture grasse et sucrée après l'effort, privilégiez les aliments riches en protéines et en glucides lents avant l'effort. Et si la faim vous tenaille encore, accordez-vous une collation à l'issue de votre séance sportive : un fruit, un laitage et un produit à base de céréales. En réalité, des études ont démontré que les personnes n'ayant que peu ou pas d'activité physique mangeaient plus que les personnes pratiquant une activité sportive limitée, et étaient donc plus susceptibles de prendre du poids. N'oublions pas que plus le volume de la masse musculaire est important, plus grande est l'énergie fournie par le corps pour entretenir ces tissus maigres.

Vous n'êtes pas sportive

Si rien que l'idée de pratiquer une activité sportive vous rebute, c'est bien dommage car vous savez désormais que le fait de développer votre masse musculaire augmente votre métabolisme de repos. Néanmoins, vous pouvez gagner ou plutôt dépenser quelques calories supplémentaires en rusant avec vous-même :

● Offrez-vous ou faites-vous offrir un vélo d'appartement pour que, même par mauvais temps, vous puissiez pratiquer une activité sportive.

● Laissez votre voiture au garage, sauf cas de force majeure.

● Achetez-vous un chien... et sortez-le trois fois par jour.

● Troquez votre studio au rez-de-jardin contre un F2 terrasse au sixième étage sans ascenseur.

Le devenir de l'énergie absorbée

Sur 2000 calories apportées par l'alimentation :

● **1200 servent le métabolisme de base**

● **150 calories sont utilisées pour la régulation thermique**

● **200 sont utilisées pour la digestion (thermogenèse alimentaire)**

● **450 calories sont brûlées par l'exercice musculaire.**

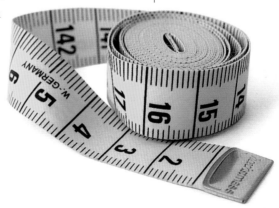

Allez-y à votre rythme

Si vous êtes d'un naturel peu sportif, évitez de passer en quelques jours de l'état de bureaucrate sédentaire à celui de Madame Muscle, toujours prête à courir à la salle de gym voisine afin d'y perdre quelques calories ! Contrairement au régime, où il faut trancher dans le vif, il faut en matière d'activité physique y aller progressivement pour éviter les problèmes cardiaques ou musculaires. Commencez petit : une demi-heure une fois par semaine, puis trois quarts d'heure deux fois par semaine, pour terminer par une heure à une heure trente trois fois par semaine.

Augmentez votre activité physique progressivement, dans la limite du raisonnable. Mais il y a fort à parier que si vous êtes une sportive de longue date, vous n'avez peu ou pas de problème de poids.

Choisissez votre sport

Le sport que vous allez choisir dépend autant de votre potentiel physique que de vos goûts. Voici quelques conseils pour vous aider à choisir.

La natation : un sport complet

Nous recommandons haut et fort la pratique de la natation aux personnes soucieuses de perdre du poids.

Il faut savoir que le nombre de calories brûlées pour avancer dans l'eau est quatre fois supérieur au nombre de calories dépensées pour pratiquer une activité de course à pied. Ceci s'explique par le fait que le corps doit dépenser de l'énergie pour lutter contre la résistance de l'eau, pour rester à la surface, pour avancer, mais aussi pour maintenir la température du corps à 37° C dans une eau dont la température oscille entre 24 (au pire) et 30° C (au mieux).

Une nage telle que la brasse est idéale pour perdre du poids. Pas excessivement fatigante, elle représente la «nage d'endurance» par excellence. Après une demi-heure d'activité, vous entamez vos réserves graisseuses, donc vous maigrissez.

L'aqua-gym

Cette activité sportive, qui se situe à mi-chemin entre la gym et la natation, est particulièrement recommandée aux personnes fortes. Comme les mouvements sont effectués dans l'eau, ils paraissent plus aisés à accomplir, mais sont plus efficaces. En outre, l'eau fraîche raffermit les chairs. On peut également se rendre compte en pratiquant l'aqua-gym que les autres personnes en maillot n'ont rien à voir avec les sylphides ou les apollons des magazines. Ainsi, on ne se ressent plus comme un cas isolé, mais comme une personne soucieuse de prendre - ou de reprendre - sa ligne et sa santé en main.

La course à pied : pour les cœurs solides

Vous pratiquerez le jogging avec toujours le même souci de maintenir un effort peu intense mais sur une période relativement longue (plus d'une demi-heure). Il ne sert à rien de courir vite, si c'est pour vous écrouler au bout de deux kilomètres. Courez à votre rythme, par petites foulées, avec de bonnes chaussures pour éviter les microtraumatismes au niveau des articulations des chevilles et des genoux. L'important est autant la durée de l'effort que la distance parcourue. Dans tous les cas, surveillez votre pouls et votre respiration, surtout si vous êtes peu ou pas entraînée.

La marche : à pratiquer n'importe où

Inutile d'être un athlète pour pratiquer quotidiennement une séance de marche. Ce sport qui n'en est pas un (puisqu'il représente le seul moyen naturel et spontané que l'homme ait inventé pour se déplacer...) a l'avantage de pouvoir être pratiqué n'importe où.

Vous n'avez pas pratiqué d'activité sportive depuis des années et souhaitez reprendre progressivement ? Commencez par une petite marche quinze minutes par jour, puis passez à trente puis à quarante-cinq minutes. Vous pouvez ensuite, pourquoi pas, enchaîner avec un sport plus intensif comme le jogging.

Le cyclisme

Il développe et entretient la musculature, notamment celle du bas du corps, et peut se pratiquer à la ville comme à la campagne. Il est recommandé aux sujets un peu ronds car une partie du poids du corps est «portée» par le vélo, soulageant ainsi les articulations. Attention aux tendinites et aux traumatismes au niveau du sacrum et du coccyx.

L'hiver, vous pouvez remplacer les balades en forêt par 1/2 heure de vélo d'appartement.

La gym douce

Elle est recommandée aux personnes qui sont fâchées avec le sport, parce qu'elles ont toujours été trop fortes et que le simple mot de gym leur rappelle de mauvais souvenirs, et à celles dont l'embonpoint est un handicap pour pratiquer une activité sportive plus intense. Elle est également conseillée aux femmes qui ont horreur du sport... mais qui ont également la hantise de voir leur corps se ramollir et s'enrober. Des mouvements simples, souples, mais amples sur un temps relativement long pour qu'il puisse y avoir diminution de la masse adipeuse, sont essentiels pour une amélioration générale de la silhouette. Après quelques mois d'entraînement, on pourra remplacer la gym douce par de la gym moins douce, faisant davantage travailler l'ensemble de la musculature.

La musculation en salle

Elle permet d'augmenter le volume de la masse musculaire, et donc de brûler plus de calories car on sait que les muscles demandent beaucoup plus d'énergie pour leur entretien que la masse adipeuse. De plus, elle remodèle rapidement la silhouette. Après un à deux mois de travail régulier en salle, les résultats sont déjà au rendez-vous. Impératif : un professeur doit être présent en permanence dans la salle pour vous apprendre les bons gestes et élaborer un programme personnalisé de musculation.

Elle peut être pratiquée seule ou couplée avec une autre activité sportive d'endurance : marche, jogging, cyclisme, natation... Vous pouvez, par exemple, vous rendre à la piscine le lundi et le vendredi midi (sans oublier de déjeuner équilibré !) et en salle de sport le mercredi soir.

Pour acquérir des muscles longs et fins, privilégiez les exercices avec des charges peu lourdes, mais répétitifs. Si vous préférez hypertrophier certains muscles, il vous faudra soulever des charges lourdes lors d'efforts intensifs.

Le petit ventre rond des femmes

Les femmes sont plutôt agacées par l'apparition du «petit coussin» sur l'estomac et sous le nombril, même si généralement les hommes trouvent cet attribut charmant. Première bonne nouvelle : la présence de cette graisse superficielle n'est pas mauvaise pour la santé. Deuxième bonne nouvelle : on peut s'en débarrasser facilement. En effet, lors d'un régime amincissant, c'est généralement la graisse située autour du ventre et des hanches qui disparaît en premier. En outre, des exercices de gymnastique mis au point par un professeur de gymnastique expérimenté vous permettront de retrouver facilement un ventre plus lisse, plus plat.

Les muscles abdominaux

Ils ne se situent pas tous sur le devant de l'abdomen. En effet, on trouve :
Le grand droit sur le devant, et le grand oblique sur le côté supérieur, qui forment la couche superficielle des abdominaux.
Le petit oblique, sur le côté, au-dessous du grand oblique, qui forme la couche moyenne des abdominaux.
Le transverse, formant la couche profonde des abdominaux.

Retrouvez un ventre plat

Cycle menstruel, grossesse, constipation, colite, stress : le ventre des femmes est souvent soumis à rude épreuve. Il existe de nombreux «trucs» que toute femme devrait appliquer afin de retrouver ou de garder, tout au long de l'année, un ventre plat.

Le ventre, reflet de notre humeur

Siège de nombreux organes et viscères, l'abdomen est également le centre de toutes nos émotions. On a «le ventre noué» ou «la peur au ventre». Pas étonnant que ce charmant «bedon», que l'on souhaiterait lisse et tonique, enfle et fasse souffrir à la moindre contrariété.

Le ventre est en quelque sorte l'écrin contenant des organes vitaux, et notamment le système digestif. Pour maintenir tous ces éléments à la bonne place, les fascias, le tissu adipeux profond et superficiel, ainsi que les muscles jouent un rôle important.

Le tissu adipeux profond

Tous nos organes abdominaux sont entourés de tissu adipeux. Cette graisse leur est indispensable. Mais quand la masse adipeuse devient trop importante autour de nos organes, il y a danger pour la santé. Une alimentation saine, pauvre en lipides (25 à 30 %), une activité sportive régulière, contribuent à éviter que le tissu adipeux profond ne devienne trop envahissant.

Exercices à pratiquer quotidiennement

Nul besoin de pratiquer la gymnastique à outrance pour retrouver un ventre plat. Quelques mouvements simples mais efficaces, élaborés par un professeur de danse et de culture physique, suffiront pour renforcer vos abdominaux et vous faire un ventre plat, plat, plat ! Seul impératif : pour des résultats probants, il faut effectuer ces exercices quotidiennement.

Exercices tirés de l'ouvrage de Lydie Raisin : *Un ventre plat en 10 mn par jour,* guide pratique paru aux éditions Marabout.

Exercice 1

Objectifs :
● Tonifier et préparer à des efforts plus intenses les muscles abdominaux de face et de côté.
● Agir efficacement sur les petits surplus latéraux.
● Assouplir la taille.

Comment procéder ?
● Allongez-vous sur le sol en étirant bien votre colonne vertébrale.
● Pratiquez dans cette position quelques rotations lentes de la tête afin d'assouplir et de décontracter votre cou.
● Fléchissez et écartez bien vos jambes et ramenez vos talons près de vos hanches avec vos mains. Déplacez votre colonne vertébrale bien droite et soulevez votre nuque en collant bien votre menton contre la poitrine.
● Allez toucher votre talon gauche avec votre main gauche et votre talon droit avec votre main droite, en alternance.

Réalisation minimum :
6 touchers de talon à droite et 6 touchers de talon à gauche.

Oui au muscle, non à la graisse !
L'organisme brûle davantage d'énergie pour entretenir son capital musculaire que son tissu graisseux. Raison de plus pour forcer sur les «abdos» et autres activités sportives, exercices qui amélioreront votre silhouette tout en permettant à votre organisme de brûler davantage de calories...

Exercices abdominaux et tonicité
**Les exercices abdominaux améliorent la tonicité de la sangle abdominale et permettent une diminution de la masse graisseuse à ce niveau.
En cas d'interruption prolongée, on a tendance à voir son ventre se relâcher et le tissu adipeux revenir au galop...**

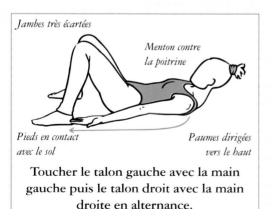

Jambes très écartées

Menton contre la poitrine

Pieds en contact avec le sol

Paumes dirigées vers le haut

Toucher le talon gauche avec la main gauche puis le talon droit avec la main droite en alternance.

Les bienfaits de cet exercice

Ce mouvement ne se contente pas de faire travailler le devant du ventre, mais également les côtés, exactement là où ont tendance à s'amasser les petits bourrelets inesthétiques.

Quelques conseils

● Ne pas tirer sur la nuque avec les mains à chaque remontée du buste.
● Expirer quand le coude touche le genou.
● Ne pas exercer un déplacement latéral du bassin sur le côté afin de réaliser plus facilement l'exercice.

Exercice 2

Objectifs :

● Donner du tonus musculaire, de la souplesse à l'ensemble des abdominaux.
● Réalisé sous une forme dynamique, il aide activement à l'élimination de la petite couche de graisse disgracieuse qui recouvre le ventre.

Comment procéder ?

● Allongez-vous sur le sol. Placez vos mains derrière votre nuque, entrelacez vos doigts.
● Si vous le pouvez, préférez placer votre main gauche sous l'omoplate droite et vice versa. Cette position évite des tensions au niveau des vertèbres cervicales lors des relevers de buste.
● Repliez vos jambes en les écartant un peu. Vérifiez que vos talons sont bien en contact avec le sol.
● Touchez le genou gauche avec le coude droit. Il est indispensable d'élever la jambe gauche fléchie et le buste simultanément pour bien faire cet exercice. Ensuite, inversez en faisant se toucher le genou droit et le coude gauche.

Réalisation minimum :

10 répétitions.

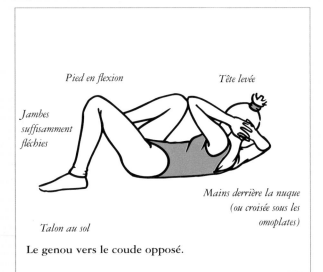

Pied en flexion *Tête levée*

Jambes suffisamment fléchies

Mains derrière la nuque (ou croisée sous les omoplates)

Talon au sol

Le genou vers le coude opposé.

Exercice 3

Objectif :

● (Re)muscler sans traumatisme l'ensemble des abdominaux de face et de côté en améliorant également leur adaptabilité à l'étirement.

Comment procéder ?

● Allongez-vous sur le sol, placez vos bras en croix. La tête est posée sur le sol. Elevez vos jambes croisées à la perpendiculaire en les plaçant en semi-flexion et non en flexion complète.
● Soulevez en douceur le bassin à la verticale. Cela provoque la contraction abdominale.
● Basculez ensuite les jambes à droite puis à gauche en alternance.
● Afin de vous aider, prenez appui sur les paumes en veillant à garder les bras relativement tendus.

Réalisation minimum :

4 bacules à droite, 4 bacules à gauche.

A savoir

**Réalisé en plaquant le bassin au sol, cet exercice représente un excellent étirement des muscles de la taille.
Mais ici, il s'effectue avec le bassin, si possible, en surélévation ; il devient alors un exercice visant à faire travailler les abdominaux. Le fait d'avoir les jambes semi-fléchies à la verticale donne au bas du dos un contact minimum. C'est une posture moins fatigante que si elle s'effectue avec les jambes en extension.**

Quelques conseils

● **Ne décollez pas les épaules du sol à chaque basculement des jambes.**
● **Expirez quand vous ramenez les jambes à la verticale.**
● **Evitez les grands mouvements avec élan, pouvant provoquer une gêne musculaire ou une mauvaise position du corps, ou même une distorsion musculaire.**

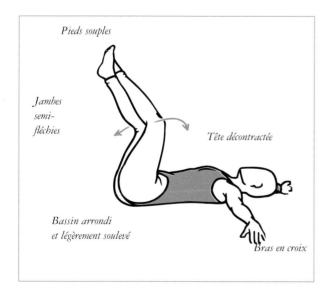

Pieds souples

Jambes semi-fléchies

Tête décontractée

Bassin arrondi et légèrement soulevé

Bras en croix

La culotte de cheval : un vestige du passé !

La vie de la femme des cavernes se résumait à élever ses nombreux petits d'homme et à leur assurer les meilleures chances de survie. Pour parer aux besoins énergétiques élevés liés à ces grossesses à répétition et à ces allaitements à rallonge, Dame nature avait tout prévu : une réserve adipeuse située sur les fesses et les cuisses constituait un «placement» idéal dans lequel Madame Cro-Magnon pouvait puiser son énergie.

Aujourd'hui, même si notre caverne ressemble plutôt à un coquet pavillon chauffé et que nos grossesses n'ont plus rien à voir avec l'aventure périlleuse de jadis, nous avons conservé les vestiges de nos ancêtres sous la forme d'une propension à nous enrober en dessous de la ceinture.

Exercices tirés de l'ouvrage de Lydie Raisin : *Hanches et fesses parfaites en 10 mn par jour*, guide pratique paru aux éditions Marabout.

Pour avoir des cuisses et des fesses musclées

Si les hommes ont plutôt tendance à prendre de l'estomac, les femmes se désespèrent de voir leurs fesses et leurs cuisses s'enrober et se ramollir au fil du temps. Pour combattre cette calamité, employez la méthode forte !

Exercices à pratiquer quotidiennement

Celles qui manquent de temps ou de courage peuvent retrouver des fesses toniques et bien galbées en pratiquant ces quelques exercices chez elles, à raison de 10 minutes par jour. Mais attention : pour des résultats satisfaisants, il faut effectuer ces exercices quotidiennement et surveiller son alimentation !

Exercice 1

Objectif :
● Restructurer plutôt l'extérieur de la région fessière.

Comment procéder ?
● Allongez-vous latéralement sur le sol, laissez reposer votre tête sur votre bras tendu dans le prolongement du corps. L'autre bras est replié devant le thorax. La paume est tournée vers le sol.

● Etirez bien votre colonne vertébrale afin qu'elle soit le plus droite possible.

● Ramenez vos jambes à angle droit avec le corps. Fléchissez vos mollets de façon à les mettre perpendiculaires par rapport à l'arrière des cuisses. Vos pieds doivent être fléchis en permanence.

● A partir de cette position, faites des battements de la jambe supérieure.

● Vous pouvez vous aider avec la paume en appui sur le sol en le repoussant, si cet exercice vous semble trop difficile.

Réalisation minimum :
Une dizaine d'élévations par jambe.

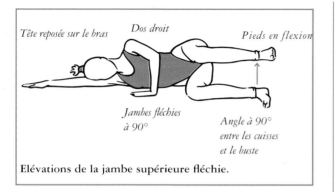

Tête reposée sur le bras *Dos droit* *Pieds en flexion*

Jambes fléchies à 90° *Angle à 90° entre les cuisses et le buste*

Elévations de la jambe supérieure fléchie.

Exercice 2

Objectifs :
● Tonifier la partie extérieure des fessiers.
● Raffermir l'intérieur et l'extérieur des cuisses.

Comment procéder ?
● Position de départ : à quatre pattes. Elevez une de vos jambes fléchies sur le côté en veillant à conserver le pied en flexion.
● L'angle droit entre l'arrière de la cuisse et le mollet doit être constant durant toute la durée de l'exercice.
● Ne reposez pas le genou sur le sol à chaque fois.
● Faites bien attention à avoir les jambes et les bras perpendiculaires par rapport au corps afin d'éviter tout déséquilibre.

Réalisation minimum :
une douzaine d'élévations de chaque jambe.

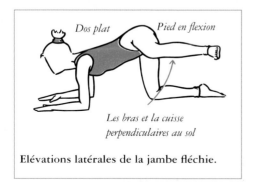

Dos plat *Pied en flexion*

Les bras et la cuisse perpendiculaires au sol

Elévations latérales de la jambe fléchie.

Pour combattre la «culotte de cheval»

Cet embonpoint gynoïde peut être combattu efficacement par quelques procédés ayant fait leurs preuves :
● Pratiquer une activité régulière d'endurance, type jogging ou natation.
● Pratiquer une activité physique plus ciblée, sollicitant les muscles des cuisses et des fesses, type gym en salle, musculation en salle, gym douce ou aqua-gym.
● Manger équilibré en privilégiant les protéines et les glucides.
● Eviter les variations de poids incessantes.
● Contracter régulièrement les muscles de ses fesses et de ses cuisses en cas de station assise ou debout prolongée.
● Enfin, faire l'amour - beaucoup : les muscles fessiers et ceux des cuisses sont très sollicités pendant l'acte sexuel !

Les muscles fessiers

Comme les muscles abdominaux, ils sont situés sur trois niveaux :
● **Le grand fessier (muscle principal), le tenseur du fascia-later au niveau superficiel.**
● **Le moyen fessier au niveau moyen.**
● **Le petit fessier, le pyramidal, l'obturateur interne, l'obturateur externe, les jumeaux et le carré crural au niveau profond.**

A savoir

Ce mouvement assure l'esthétisme de vos hanches. Plus votre jambe est en extension, plus ce mouvement est efficace. Il est exact qu'il est difficile de maintenir la jambe élevée sans reposer le pied sur le sol, mais le résultat est à ce prix.
On a souvent tendance à décoller l'avant-bras correspondant à la jambe élévatrice. Si vous le pouvez, évitez-le.

Quelques conseils

● **Elevez la jambe le plus près possible du visage. Plus vous l'éloignez, moins l'exercice est efficace.**
● **Expirez sur l'élévation de la jambe.**
● **Evitez de déséquilibrer votre corps sur le côté pour faciliter la montée de la jambe : cela fausse complètement l'exercice.**

Exercice 3

Objectifs :
● Remuscler en finesse l'ensemble de la région fessière.
● Durcir l'intérieur et l'extérieur des cuisses.

Comment procéder ?
● Placez-vous à quatre pattes en veillant à avoir les cuisses et les bras bien perpendiculaires par rapport au corps.
● A partir de cette position, pratiquez des élévations d'une de vos jambes en extension complète sur le côté.
● Le pied doit être bien en flexion afin de rigidifier encore plus la jambe.

Réalisation minimum avec chaque jambe :
5 grandes élévations à votre rythme, 5 petites élévations rapides, 4 grandes élévations très lentes.

Jambe tendue
Dos plat
Angle droit
Angle droit
Pied en flexion

Elévations de la jambe tendue sur le côté.

Exercice 4

Objectifs :
● Restructurer le bas des fessiers et aider à l'élimination de la petite couche graisseuse située en partie supérieure.
● Suivant l'amplitude gestuelle, l'effet de restructuration musculaire se propage plus ou moins haut dans la fesse.

Comment procéder ?
● A partir de la position debout, reculez et ramenez une des jambes en extension au même niveau que l'autre fléchie (cette dernière restant absolument immobile).
● Sur la phase maximum du geste, le talon est décollé.
● Le dos, quant à lui, est le plus droit possible, les épaules doivent être bien étirées vers l'arrière. La tête est levée en permanence.

Réalisation minimum :
20 reculs de chaque jambe.

Tête levée
Epaules vers l'arrière
Dos droit
Jambe semi-flé-chie
Jambe tendue
Talon levé

Recul d'une jambe à l'arrière.

Pour avoir des hanches de déesse
● Evitez le port de vêtements trop serrés pour ne pas gêner la circulation sanguine et lymphatique.
● Buvez beaucoup en dehors des repas.
● Massez-vous ou faites-vous masser régulièrement. Votre ami : le drainage lymphatique.
● Boudez les ascenseurs et montez les escaliers à des rythmes différents.

A savoir
Cet exercice est également employé pour se préparer au ski. Plus le geste est grand, plus l'exercice est efficace.
Il faut un peu de temps pour se familiariser avec ce mouvement car, très vite, on oublie de bien mettre la jambe en extension maximale à l'arrière, surtout si on le fait rapidement.

Quelques conseils
● Comme il n'y a qu'une seule jambe active, l'autre doit rester fléchie et immobile en permanence.
● Expirez en ramenant la jambe.
● Ne faites pas une bascule du buste vers l'avant pour vous donner de l'élan.

Pour avoir et garder une belle poitrine

● Portez un soutien-gorge.
● Tenez-vous droite.
● Evitez les variations permanentes de poids.
● Fuyez les bains trop chauds, qui ramollissent les tissus cutanés en général, et les seins en particulier.
● Portez un soutien-gorge spécial pour pratiquer les sports mettant les seins à rude épreuve : tennis, jogging, football, basket, handball, sports de combat, arts martiaux... Ces soutiens-gorge sont en vente dans les magasins de sport et dans les catalogues de vente par correspondance. S'ils ressemblaient autrefois à de véritables carcans, on en trouve aujourd'hui de très mignons...
● Evitez de porter des charges lourdes et d'écraser votre poitrine.
● Si vous faites le choix de masser vos seins avec une crème, quelle qu'elle soit, évitez les mouvements trop brusques qui traumatisent les tissus. Préférez les mouvements légers et circulaires, respectant la forme et la fragilité des seins.
● Entretenez vos muscles pectoraux, notamment en pratiquant la natation, et particulièrement la natation sur le dos.
● Terminez votre douche par un jet d'eau froide sur les seins (environ 1 mn).

Pour avoir des seins de rêve...

Symbole de féminité, les seins doivent faire l'objet de soins particuliers en raison de leur fragilité. Voici quelques conseils pour conserver une belle poitrine malgré le temps, les grossesses et les régimes.

Exercices à pratiquer quotidiennement

Vous pouvez améliorer l'aspect et le tonus de votre poitrine en pratiquant ces quelques exercices chez vous, à raison de 10 minutes par jour. Ces mouvements sont élaborés par un professeur de danse et de culture physique. Mais attention : pour des résultats satisfaisants, il faut effectuer ces exercices quotidiennement et surveiller son alimentation !

Exercice 1

Objectifs :
● Etirer et tonifier les parties latérales de la poitrine.
● Renforcer musculairement le haut du dos.
● Assouplir les épaules.

Comment procéder ?
● A partir de la position debout, fléchissez et écartez les jambes. Placez vos pieds bien parallèles entre eux. Redressez le dos.
● Elevez vos bras en croix parallèles au sol. Serrez vos poings.
● A partir de cette position, il ne vous restera plus qu'à réaliser de petits mouvements d'étirement vers l'arrière.
● Veillez à conserver vos jambes immobiles et à ne pas fléchir les bras. Inspirez lorsque les bras reviennent un peu vers l'avant ; expirez lorsque les bras sont le plus en arrière possible.

Réalisation minimum :
Une vingtaine de répétitions.

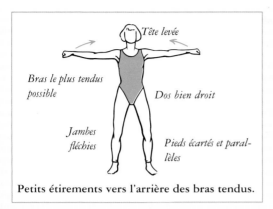

Petits étirements vers l'arrière des bras tendus.

Exercice 2

Objectifs :
● Ouvrir la cage thoracique.
● Etirer et tonifier le haut de la poitrine.
● Assouplir et sculpter en finesse le haut du dos et les épaules.

Comment procéder ?
● A partir de la position debout, fléchissez et écartez les jambes. Placez vos pieds bien parallèles entre eux. Redressez le dos.
● Placez vos bras fléchis devant vous et entrelacez vos doigts, les paumes dirigées vers votre poitrine. Si vous le pouvez : haussez les épaules et gardez-les ainsi durant toute la durée de l'exercice.
● A partir de cette position, élevez vos bras de la parallèle au sol à la verticale.
● Pensez à ne pas bouger le reste du corps.

Réalisation minimum :
Une vingtaine d'élévations.

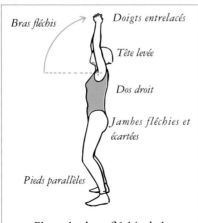

Elever les bras fléchis de la parallèle au sol à la verticale.

FAITES DU SPORT

● Massez votre poitrine avec de l'huile d'amande douce ou tout autre corps gras pendant la grossesse et dans les trois mois qui suivent.
● Portez un soutien-gorge d'allaitement, jour et nuit si nécessaire, pendant la période d'allaitement.
● Evitez, dans la mesure du possible, de dormir sur le ventre.
● Evitez de porter des vêtements ajustés qui écrasent la poitrine.
● Bannissez les expositions au soleil prolongées, notamment sans protection solaire adaptée.

Petite mise au point sur les seins
Les seins n'ont pas de muscles. Ils sont constitués de tissu adipeux, de la glande mammaire, le tout recouvert d'une peau fine. C'est pourquoi ils sont si fragiles. Les muscles pectoraux peuvent faire office de soutien-gorge naturel, à condition qu'ils soient bien entretenus et sollicités régulièrement.

Exercices tirés de l'ouvrage de Lydie Raisin : *De beaux seins en 10 mn par jour*, guide pratique paru aux éditions Marabout.

A savoir

Cet exercice est à l'honneur dans la plupart des cours de culture physique et fait vraiment travailler les muscles pectoraux en profondeur. C'est lui qui donne ce joli galbe tonique, du moins lorsqu'il est suffisamment pratiqué.

Beaucoup d'adeptes le pratiquent avec des petits poids, et il n'y a aucun inconvénient à ce que vous fassiez de même (sauf si vous êtes débutante).

Important : plus les bras sont hauts, plus l'exercice est efficace.

Quelques conseils

● Faites toucher vos avant-bras sur toute leur longueur devant votre visage.
● Gardez la tête relevée pour éviter d'arrondir le dos vers l'avant en rapprochant les bras.
● Inspirez lorsque les bras sont écartés à l'arrière. Expirez en rapprochant les bras.
● Faites des gestes de grande amplitude et symétriques.
● Gardez vos bras à la même hauteur, sans les descendre, pendant tout l'exercice.

Exercice 3

Objectifs :

● Travailler en profondeur la grande majorité des muscles pectoraux afin de les restructurer efficacement.
● Assouplir le haut du dos et des épaules.
● Créer un joli bombé du décolleté.

Comment procéder ?

● A partir de la position debout, fléchissez et écartez les jambes. Placez les pieds parallèles entre eux.
● Le dos doit rester le plus droit possible durant toute la durée de l'exercice. Elevez vos bras parallèles au sol et fléchissez vos avant-bras à angle droit.
● Pour un maximum d'efficacité : haussez vos épaules en permanence.
● Il ne vous reste plus qu'à écarter et à rapprocher vos bras.
● Veillez à faire toucher vos avant-bras sur toute leur longueur devant votre visage et gardez la tête levée pour éviter d'arrondir le dos.

Réalisation minimum :

Une vingtaine de répétitions.

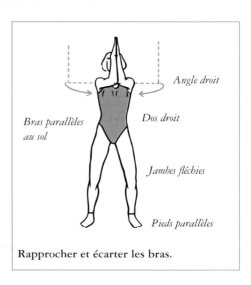

Angle droit

Bras parallèles au sol

Dos droit

Jambes fléchies

Pieds parallèles

Rapprocher et écarter les bras.

Exercice 4

Objectifs :
● Durcir en profondeur les fibres pectorales et bomber élégamment le décolleté.

Comment procéder ?
● A partir de la position debout, fléchissez et écartez vos jambes. Placez vos pieds parallèles entre eux.
● Vous n'avez plus qu'à serrer vos mains l'une contre l'autre devant votre poitrine en contractant vos pectoraux (5 secondes au minimum). Collez de préférence les pouces contre le thorax.
● Vos doigts doivent être serrés et en extension. Ne desserrez pas vos paumes l'une de l'autre.
● A noter cependant qu'il est tout à fait possible de réaliser cet exercice assise sur une chaise ou «en tailleur» par exemple.
● Inspirez en relâchant la contraction. Expirez le plus longuement possible sur la contraction.

Réalisation minimum :
Une dizaine de répétitions.

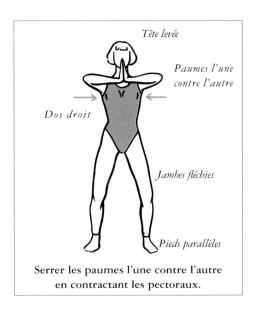

Tête levée

Paumes l'une contre l'autre

Dos droit

Jambes fléchies

Pieds parallèles

Serrer les paumes l'une contre l'autre
en contractant les pectoraux.

Fâchez-vous avec les ascenseurs et autres gadgets

Les ascenseurs et les escaliers mécaniques ne sont plus, pour vous, qu'un souvenir. Que ce soit à votre travail ou à votre domicile, vous préférerez monter les escaliers à pied. Les premiers jours, vous serez épuisée et essoufflée en arrivant à destination, parce que vous avez perdu l'habitude de bouger et que le fait d'avoir à «traîner» vos kilos superflus vous fatigue. Au fur et à mesure, et tandis que vous perdrez du poids, vous gagnerez en rapidité et en capacité pulmonaire. Jusqu'au jour où vous proposerez à votre fils aîné, adepte de l'ascenseur, une compétition que vous remporterez haut la main ! A la maison, remplacez le fouet électrique par un fouet à main (pour battre les blancs en neige et non les mayonnaises !), le robot électrique par le moulin à légumes, le lave-vaisselle par l'huile de coude... le temps de votre régime. Ensuite, vous pourrez renouer avec la civilisation !

Pour brûler vos calories

Si vous mangez moins et mieux, c'est sûr, vous maigrirez. Mais votre perte de poids sera plus importante si vous mettez le turbo sur la dépense d'énergie, tout en contrôlant vos entrées ! Nous avons regroupé pour vous tous les moyens de brûler un maximum de calories sans passer trois heures par jour au stade - ce que la plupart des femmes actives ne peuvent, bien entendu, pas se permettre.

Laissez votre voiture au garage

Oubliez votre voiture et déplacez-vous à pied pour :
Vous rendre chez les commerçants, le médecin, vos amis, à la poste...
Conduire vos enfants à l'école (cela leur fera, à eux aussi, le plus grand bien).
Aller au travail : vous économiserez aussi vos nerfs, habituellement mis à rude épreuve dans les embouteillages matinaux.
Si malgré tout vous devez prendre le métro, marchez de long en large sur le quai et boudez les escalators et tapis roulants pour brûler des calories.

Investissez dans un vélo... ou des rollers

Il a l'avantage d'être à la fois bon pour vous et pour votre environnement. Vous l'utiliserez pour couvrir les déplacements que vous ne pouvez effectuer à pied pour des raisons de distance ou de temps.
Rien ne s'oppose à ce que vous remplaciez l'hiver vos balades à vélo par un entraînement au vélo d'appartement ou quelques séances de gym en salle ou à domicile (voir les guides pratiques Marabout : *Un ventre plat en 10 mn par jour, Hanches et fesses parfaites en 10 mn par jour* et *De beaux seins en 10 mn par jour*, de Lydie Raisin, professeur de danse et de culture physique).

Bougez... sur place !

Assise devant votre micro-ordinateur, debout dans le métro ou dans la file d'attente chez le boulanger, profitez-en pour contracter et décontracter les muscles de vos fessiers en rentrant le ventre et en basculant le bassin vers l'avant. Recommencez plusieurs fois. L'énergie brûlée pour pratiquer cette gym invisible est insignifiante, mais vous y gagnerez, à la longue, en fermeté. Et rassurez-vous, personne ne peut s'apercevoir que vous êtes en pleine séance de musculation !

Energie dépensée pour pratiquer les activités courantes

Ces estimations sont données à titre indicatif et peuvent varier d'un individu à l'autre, et selon la manière dont est pratiquée l'activité.

Dans tous les cas, nous vous invitons à pratiquer l'activité qui vous convient et qui vous plaît, à votre propre rythme. La pratique d'un sport, même pour mincir et rester mince, ne doit jamais devenir une corvée...

Activité	Calories brûlées/heure
Travail de bureau	0 à 50 calories
Taper à la machine	30 calories
Jouer du piano	50 calories
Avoir des relations sexuelles	50 à 300 calories
Pratiquer :	
Le tennis de table	60 calories
Le ski de piste	150 à 500 calories
La marche lente	180 calories
La marche rapide	300 calories
Le ski de fond	300 à 600 calories
La danse moderne	400 calories
La musculation	450 calories
La natation	480 calories
Le jogging	540 calories
Le tennis	600 calories
Le football	700 calories
Le squash	900 calories
La course à 15 km/h	1000 calories

L'exercice physique pour maintenir le poids de forme

Le «poids de forme» est le poids auquel on se sent bien. L'objectif d'un programme amincissant est de l'atteindre et d'y rester. Pratiquer une activité physique aide à se maintenir à son poids de forme. Comment ?

● En brûlant les calories supplémentaires apportées par une alimentation progressivement plus riche.

● En augmentant la masse musculaire dont l'entretien demande, on le sait, davantage d'énergie que l'entretien de la masse grasse.

● En permettant à l'organisme de sécréter des endorphines, hormones fabriquées dans le cerveau et générant une impression de bien-être après toute activité physique.

Débarrassez-vous de votre cellulite !

Pour bannir à tout jamais cette maudite «peau d'orange» de votre silhouette...

Toutes les femmes peuvent avoir de la cellulite... et toutes les femmes peuvent s'en débarrasser, à condition de connaître les bonnes méthodes... De la cure de thé vert à la liposuccion en passant par le drainage lymphatique, nous vous présentons tous les moyens les plus efficaces pour éradiquer l'ennemie...

Une affaire de femme

Les femmes sont, encore une fois, les grandes perdantes dans la guerre contre la cellulite, puisque 95 % des celluliteux sont... des celluliteuses. En revanche, on peut également incriminer les troubles du métabolisme : rétention d'eau, hypercholestérolémie, troubles du foie. L'idéal est de combattre ces maladies avec un traitement adapté pour avoir une chance de voir disparaître la cellulite. Il est également judicieux d'adopter une alimentation équilibrée, pauvre en sucres rapides et en lipides qui favoriseraient l'apparition de cellulite. De même, des troubles hormonaux peuvent être à l'origine de dépôts cellulitiques. En effet, les hormones ont une grande influence sur la structure du tissu conjonctif.

La cellulite

Certaines femmes, pourtant très minces, présentent néanmoins des surcharges cellulitiques, tandis que d'autres, plus rondes, ne connaîtront jamais les affres de la peau d'orange. D'où vient cette graisse, et pourquoi tant d'injustice ? Petites explications sur un sujet douloureux.

L'ennemie jurée des femmes

La cellulite, c'est de la graisse ! Mais une graisse bien particulière constituée d'adipocytes de grande taille et agglomérés, formant un tissu adipeux dur, douloureux au toucher et au pincement, et pas très esthétique !

La cellulite et la rétention d'eau font bon ménage. Lorsque l'organisme ne draine pas correctement ses déchets (mauvaise circulation lymphatique, excès de toxines dû à une mauvaise hygiène de vie), et sous l'influence des variations hormonales, des amas s'accumulent, constitués d'eau, de graisse et de cellules du tissu conjonctif, s'organisant en masses inertes et souvent douloureuses. La peau est plus épaisse et, quand on la pince, on s'aperçoit avec horreur que se forment creux et bosses disgracieux. Plus la masse cellulitique est importante, et plus elle altère l'état des fibres du tissu conjonctif et entrave la micro-circulation. La douleur éprouvée au toucher vient du fait qu'elle compresse également les filets nerveux.

Manger de petits plats équilibrés, pauvres en graisses, en sucres rapides et en sel (durant la période précédant les règles) vous permettra de combattre l'apparition de cellulite.

Un combat sans merci

La cellulite est injuste, dans le sens où même les femmes très minces peuvent en voir apparaître... tandis que certaines femmes pourtant bien enveloppées ne développeront jamais de cellulite. Comme nous l'avons vu, certaines cellulites sont héréditaires : la plupart des personnes sujettes à la peau d'orange ont une mère ou une grand-mère qui connaît le même problème. Les femmes qui se battent contre ce qu'elles considèrent comme un fléau rendront service à leurs filles en leur inculquant, dès l'enfance, de bonnes règles d'hygiène de vie. Elles les encourageront à pratiquer régulièrement un sport et leur apprendront à s'autosurveiller. A cette notion d'hérédité, ajoutons celle de terrain et de mode de vie : une personne ayant une alimentation équilibrée, un poids stable, pratiquant régulièrement une activité sportive, peu exposée au stress ou aux stations debout ou assise prolongées, aura moins de risques d'être enrobée de peau d'orange.

Cellulite et varices

Le couple cellulite/insuffisance veineuse ou varices est tristement célèbre. En effet, on entend beaucoup de femmes déclarer «j'ai de la cellulite parce que j'ai des varices» ou «mes varices ont fait apparaître de la cellulite». Et elles n'ont pas tort... Car une mauvaise circulation aura pour effet un mauvais drainage des toxines, un retour veineux inefficace, le sang et la lymphe stagneront au niveau des membres inférieurs, engorgeant les tissus... Toutes les conditions sont réunies pour que la cellulite se développe sur les trajets veineux, entravant davantage encore la circulation. Et c'est le commencement du cercle vicieux ! De même, des amas celluliteux et douloureux, inertes, ont tendance à ralentir la circulation sanguine et lymphatique : c'est la porte ouverte à l'apparition de désordres veineux.

Mais l'installation de cellulite n'est pas une fatalité. Même si certaines femmes maigres ont de la cellulite, cette dernière apparaît plus facilement sur les cuisses des femmes enrobées. Conclusion : pour éviter l'apparition de peau d'orange, commencez par lutter contre le surpoids.

Plusieurs catégories de cellulites

En réalité, il n'y aurait pas une seule mais plusieurs cellulites :
La cellulite «héréditaire» : elle recouvre cuisses, fesses, hanches et bras des adolescentes ou des jeunes adultes ayant hérité de cette caractéristique dont elles se seraient bien passées.
La cellulite due à une mauvaise circulation veineuse et lymphatique : elle s'installe généralement sur les jambes : cuisses, genoux, mollets, chevilles : c'est la jambe «infiltrée» de cellulite.
La cellulite du ventre, due au stress, à la nervosité, mais aussi à une mauvaise hygiène de vie doublée d'une alimentation déséquilibrée.

Cellulite et insuffisance veineuse

Pour combattre le cercle vicieux cellulite/insuffisance veineuse :
● **Tenez compte de votre hérédité.**
● **Adoptez une bonne hygiène de vie.**
● **Facilitez la circulation sanguine et lymphatique.**

Attention aux toxines

La femme qui fume, boit de l'alcool mais peu d'eau, reste assise ou debout une bonne partie de la journée, consomme du thé et du café en excès, mange gras et sucré sans jamais faire de sport multiplie les risques de voir son corps s'enrober de cellulite. L'organisme ne peut faire face à cette surcharge de travail, les déchets s'accumulent dans le tissu cellulaire sous-cutané : c'est l'apparition de cellulite.

Le thé vert

Appelé aussi thé vierge, il est originaire de Chine où on le consomme depuis 2 500 ans av. J.-C. En phytothérapie, on utilise les jeunes feuilles et les boutons pour favoriser l'amincissement.

La caféine que contient le thé vert favorise l'évacuation des graisses hors des cellules graisseuses. Les triglycérides sont alors transformés en acides gras libres, alors éliminés par l'organisme.

Pour empêcher l'apparition de cellulite

Le meilleur moyen de lutter contre la cellulite, c'est encore d'empêcher son apparition. Voici quelques astuces pour éviter que votre peau de pêche ne se transforme en peau d'orange.

Un «fléau» héréditaire

Dans certaines familles, on a des varices de mère en fille. Dans d'autres, c'est la caractéristique «propension à la cellulite» qui est transmise. Vous l'aurez compris, l'hérédité joue un large rôle dans l'apparition de cette disgrâce. Mais il ne s'agit pas de baisser les bras : il est tout à fait possible de modifier les données de départ : hérédité ne signifie pas fatalité. Les mères qui ont connu la malchance de se voir enrobées dès l'adolescence par les kilos en trop et les placards celluliteux veilleront sur leurs filles : une alimentation saine, des activités sportives, une bonne hygiène de vie seront leurs plus sûres alliées.

Evitez les vêtements trop serrés

En règle générale, tous les vêtements qui serrent, briment, moulent sont à bannir. Dans le cas particulier de l'amincissement et de la cellulite, il s'agit de donner vos vêtements trop ajustés aux bonnes œuvres... ou de les ranger dans le haut du placard en attendant que vous puissiez les porter sans être boudinée. En effet :

● Les jupes trop ajustées scient la taille, gênent la digestion et la circulation.

● Les pantalons moulants entravent la micro-circulation et facilitent ainsi la rétention d'eau.

● Les bottes, chaussettes, bas qui forment un garrot empêchent que le retour veineux (c'est-à-dire le retour du sang chargé de gaz carbonique vers le cœur via les veines) se fasse correctement.

La semelle de Lejars est une sorte de pompe située sous la plante du pied et agissant un peu comme un cœur. Stimulée lors de la marche, elle permet au sang chargé de gaz carbonique de mieux remonter vers le cœur. Les talons trop hauts et les piétinements empêchent la semelle de Lejars d'accomplir correctement son travail.

Hormones et cellulite

Il reste exceptionnel que la femme ne traverse pas, durant son activité génitale, d'épisodes de dérèglements hormonaux : les règles viennent trop tard, ou trop tôt, ou pas du tout... elles sont peu abondantes ou trop abondantes. Ou alors, elle se sent (et est réellement) gonflée durant la deuxième moitié du cycle (du 14ᵉ au 28ᵉ jour), ou quelques jours avant les règles. Ces petites perturbations proviennent d'un déséquilibre hormonal, souvent un excès d'estrogènes, provoquant des phénomènes de rétention d'eau. Les personnes en bonne santé reperdent naturellement ces quelques kilos dès le début de l'hémorragie. D'autres éprouvent beaucoup de difficultés à éliminer cet embonpoint et, au fil des mois, les toxines et les grammes s'accumulent sous la forme de bourrelets celluliteux difficiles à déloger. Difficiles, mais pas impossibles ! Ici encore, une hygiène de vie rigoureuse, l'exercice physique et des pratiques manuelles comme le drainage lymphatique leur seront d'un grand secours.

Cellulite et ménopause

La période de la ménopause est particulièrement difficile à traverser pour la femme et ce pour deux raisons :
Physiquement, la ménopause provoque des sensations désagréables : célèbres «bouffées de chaleur», prise de poids, rétention d'eau... Psychologiquement, la femme se sent encore jeune (on est une jeune femme aujourd'hui à 50 ans), mais son organisme est en décalage avec son état d'esprit : elle peut éprouver le sentiment que son corps lui fait faux bond, se sentir reléguée au second rang alors que, dans sa tête, elle a toujours son énergie de jeune fille. Heureusement, il existe maintenant des traitements efficaces pour continuer à vivre comme avant, avoir une activité sexuelle satisfaisante, éviter les «bouffées de chaleur» et autres désagréments. En effet, de nombreux médecins, sensibilisés au problème, prescrivent des traitements à base de progestérone naturelle (elle éviterait la prise de poids excessive) ou de synthèse. Malgré tout, la femme ne doit pas relâcher sa surveillance, et doit continuer ou commencer - mais oui, pourquoi pas - à faire du sport et à se nourrir intelligemment (voir chapitre 2 : «la ménopause»).

LA CELLULITE

Buvez... et chassez la cellulite

La plupart des femmes présentant de la cellulite ne boivent pas suffisamment... d'eau. Il est indispensable de boire 1,5 à 2 l d'eau (pas plus, c'est inutile voire dangereux) par 24 heures pour aider l'organisme à éliminer les toxines, notamment si l'on travaille dans un endroit surchauffé.

Cellulite et varices

On a reproché aux traitements contre la cellulite de faire apparaître des varices. Or, cela semble peu probable dans la mesure où la cellulite et les varices n'envahissent pas les mêmes zones : la cellulite affectionne le côté externe des cuisses («culotte de cheval»), les genoux ou les chevilles, contrairement aux varices, que l'on trouve surtout au niveau des mollets. Seule exception : lors d'une intervention chirurgicale visant à supprimer la cellulite (lipo-aspiration), comme dans tout acte chirurgical, il y a risque de phlébite. Et qui dit phlébite dit risque d'apparition de varices. D'autre part, quand la cellulite a disparu, souvent les varices, qui étaient dissimulées par la masse graisseuse, deviennent apparentes. Voilà pourquoi le traitement de la cellulite peut faire apparaître des varices... qui existaient déjà !

Quand il faut employer les grands moyens... mieux vaut savoir à quoi - et à qui - on a affaire. Pour ne pas traiter les problèmes de poids à la légère et garder les pieds sur terre, nous avons effectué pour vous une mise au point.

Pour chasser la cellulite installée

Maintenant que vous connaissez mieux «l'ennemie», il faut savoir comment l'éliminer. Un large éventail de techniques est utilisé, avec plus ou moins de succès selon les personnes concernées et l'ancienneté de la cellulite.

Pratiquez l'automassage

On peut lutter contre la cellulite en massant, à titre préventif et sur les cellulites déjà installées, les zones infiltrées avec un lait corporel. A ce propos, les vertus et résultats des crèmes amincissantes et autres onguents n'étant pas officiellement prouvés, vous pouvez tout à fait les remplacer par n'importe quelle crème hydratante pour le corps : les seuls mouvements circulaires de la main contribueront à activer la micro-circulation, à décongestionner les tissus et à soulager les lourdeurs qui peuvent siéger dans les jambes, les cuisses, les fesses, le ventre. Le massage au gant de crin est un peu barbare : il stimule la micro-circulation et permet l'élimination des cellules mortes de la peau, mais son efficacité sur la cellulite n'a pas encore, à ce jour, été prouvée. Alors, à moins d'être particulièrement masochistes, Mesdames, vous pouvez renoncer à cet engin pour lui préférer les massages en douceur et les drainages lymphatiques !

Le drainage lymphatique manuel

Il s'agit d'une technique pratiquée par certains masseurs-kinésithérapeutes, ainsi que dans quelques instituts de beauté. Son objectif est de désinfiltrer les tissus et de soulager l'œdème des membres inférieurs.

C'est un massage à mains nues effectué dans le sens de la circulation lymphatique. Il est surtout conseillé aux femmes qui souffrent de gonflement des jambes, avec sensation de lourdeur et de cuisson. En ce qui concerne la diminution de la cellulite, les résultats ne sont pas probants. Les jambes sont plus légères, certes, car l'élimination des toxines se fait mieux et l'œdème diminue. Mais dans la plupart des cas, la cellulite est toujours présente.

Il est donc à réserver aux femmes qui ont des problèmes de circulation des membres inférieurs. Quoi qu'il en soit, il convient de s'adresser à un masseur-kinésithérapeute rompu à cette technique, plutôt qu'aux centres d'esthétique.

L'endermologie est une technique qui reproduit, grâce à un appareil spécifique, la méthode du palper-rouler, en beaucoup plus efficace. Certains kinésithérapeutes vous proposeront leurs services ; la séance, qui dure 30 minutes environ, coûte au moins 250 francs. Huit séances seront nécessaires avant d'obtenir des résultats. On recommande généralement dix à douze séances, plus une série chaque année pour entretenir les résultats.

Certains instituts de beauté ont investi dans ces coûteux appareils. Mais les esthéticiennes, si compétentes soient-elles, sont-elles aussi efficaces que les kinés ?

La phytothérapie

Un certain nombre de plantes sont recommandées par les spécialistes de la beauté naturelle afin de venir à bout des surcharges cellulitiques.

● **L'ananas** : Ce n'est pas le fruit lui-même qui détient les vertus «anticellulitiques», mais la tige. C'est pourquoi il est inutile de se gaver d'ananas pour éliminer sa peau d'orange. La tige d'ananas est riche en bromélaïne, une enzyme anti-inflammatoire qui favoriserait la résorption des œdèmes. D'ailleurs, cette substance entre dans la composition de certains médicaments visant à réduire l'œdème.

● **Le thé vierge** : Sa consommation sous forme de poudre totale cryobroyée aurait la faculté de favoriser l'élimination des graisses situées dans les adipocytes. D'autre part, les composés phénoliques qu'il détient ralentiraient l'assimilation des glucides et des lipides apportés par l'alimentation.

● **L'asperge** : Elle est connue pour ses vertus diurétiques. Dans cette optique, elle peut être utilisée pour faciliter l'élimination. Elle est également réputée pour ses propriétés dépuratives et désinfiltrantes, mais également pour atténuer certains troubles cardiaques.

● **La reine-des-prés** : Appelée également pied-de-bouc ou spirée, elle pousse le long des rivières. Elle agit comme diurétique en facilitant l'élimination rénale, et est particulièrement recommandée pour désinfiltrer les tissus œdémateux.

Les crèmes amincissantes

Les crèmes amincissantes vendues dans le commerce n'agissent, conformément à la législation, qu'au niveau des couches superficielles de l'épiderme. D'autres produits (gels, crèmes) plus intéressants sont reconnus comme médicaments. L'emploi de composants franchissant les barrières de l'épiderme est donc autorisé. Nous pensons aux crèmes contenant de la caféine, dont l'action sur l'élimination des graisses corporelles serait scientifiquement prouvée. Citons entre autres Percutaféine, des laboratoires Pierre Fabre Santé® .

D'autres pistes

Il existe de nombreuses techniques pour lutter contre la cellulite : mésothérapie, hydrothérapie, thalassothérapie (voir chapitre 8), ionisation, laser, hypnose, chirurgie esthétique (lipo-aspiration)... On peut demander conseil en toute confiance à son médecin pour être orientée vers la thérapeutique qui convient le mieux à son problème.

A qui la chirurgie esthétique peut-elle rendre service ?

● **Aux personnes qui se plaignent d'un défaut physique** : ce sont les traditionnelles opérations sur nez (trop longs) ou oreilles (décollées) : elles n'ont rien à voir avec le surpoids.

● **Aux personnes présentant une surcharge pondérale**, localisée ou non, et qui souhaitent s'en débarrasser de manière radicale.

● **Aux personnes qui**, à la suite d'une perte de poids importante, ont soit un excès de peau, formant des plis inesthétiques, soit une surcharge graisseuse très localisée résistant aux régimes.

Le problème des cicatrices

Les chirurgiens s'arrangent généralement pour que les cicatrices dues aux opérations de chirurgie esthétique soient peu visibles : elles siègent dans les plis cutanés comme le sillon sous-mammaire ou le pli de la fesse.

Six mois à un an après l'intervention chirurgicale, le résultat final se stabilise. Certaines cicatrices hypertrophiques et chéloïdes persistent sous la forme d'un bourrelet rouge inesthétique. Le chirurgien - ou un médecin - peut alors procéder à des injections locales de substances spécifiques, qui permettent généralement de corriger ce désagrément.

Chirurgie esthétique et surpoids

Les techniques et les résultats ont fait de grands progrès. Comme tout acte chirurgical, la chirurgie esthétique n'est pas un acte anodin. Il convient donc de s'informer suffisamment et de mesurer les risques et les complications qui peuvent être liés à une intervention.

La lipo-aspiration

Cette technique consiste à aspirer les surplus graisseux avec une canule introduite dans une ou plusieurs incisions de 5 mm environ. Ces canules sont reliées à un aspirateur qui collecte la graisse en excès.

Selon l'effet recherché, on aspire soit les graisses superficielles pour lutter contre l'aspect peau d'orange, soit les graisses situées en profondeur pour un travail sur le volume et la forme. Beaucoup d'adipocytes sont ainsi éliminés définitivement. Néanmoins, le chirurgien est obligé de laisser une petite couche de graisse. Il y a donc possibilité de regrossir en cas d'excès alimentaires répétés. C'est pourquoi il convient de conserver une bonne hygiène de vie afin de stabiliser les résultats.

La résection cutanée

Dans le cas où la peau est distendue après une lipo-aspiration ou un amincissement rapide, le chirurgien peut retirer cette peau en excès sous anesthésie générale. Appelée également plastie, cette technique laisse toutefois des cicatrices que le chirurgien s'efforce de dissimuler dans les plis cutanés.

Les indications

● La culotte de cheval

La lipo-aspiration est tout à fait indiquée pour éliminer la culotte de cheval, disgrâce résistant généralement aux régimes et parfois à l'exercice physique.

● Les cuisses, les fesses

La face interne des cuisses est une zone délicate. Retirer trop de graisse peut faire apparaître des irrégularités (aspect de «tôle ondulée»).

● **Le ventre**

Délicat également. Les résultats sont meilleurs sur un sujet jeune, à peau bien élastique. S'il y a excès de peau après l'opération, le chirurgien pourra procéder à une résection cutanée.

● **Les seins**

- La plastie de réduction

On peut avoir une forte poitrine depuis l'adolescence ou à la suite d'une prise de poids importante. Les opérations de réductions ont pour objectif de supprimer l'hypertrophie et de corriger la ptôse (affaissement) qui lui est généralement associée. Point noir : les cicatrices, qui s'estompent mais ne disparaissent jamais totalement.

- La plastie de reconstruction

Les poitrines affaissées sont également reconstruites grâce à la chirurgie esthétique. Les cicatrices en ancre marine, cachées en partie dans le sillon sous-mammaire, s'éclaircissent sans toutefois s'effacer totalement.

● **Le double menton**

La lipo-aspiration est tout à fait indiquée pour supprimer le petit pli disgracieux situé sous le menton.

Où s'adresser ?

Pour obtenir les coordonnées de chirurgiens compétents en chirurgie plastique :

Pour Paris :
Conseil départemental de la Ville de Paris
de l'Ordre des Médecins
14, rue Euler
75008 Paris
01 44 43 47 00

Pour la province : consulter l'annuaire ou le Minitel pour obtenir les coordonnées de :
Ordre national des Médecins
Conseil départemental qui vous communiquera les coordonnées de chirurgiens compétents.

Vous pouvez également vous renseigner auprès de :
Société française de chirurgie plastique et reconstructive
40, rue Bichat
75010 Paris

LA CELLULITE

Etre opérée à l'hôpital

Certains hôpitaux publics ont leur service de chirurgie plastique et reconstructive. Avantage : des prix abordables. Inconvénients : des délais d'attente plus longs. Citons, entre autres, à Paris et en région parisienne :
● **Ambroise Paré**
● **Bicêtre**
● **Boucicaut**
● **St-Louis**
● **St-Antoine**
● **La Pitié-Salpêtrière**
● **Poissy**
● **Rothschild**
● **St-Vincent de Paul**
● **Tenon.**

Chirurgie esthétique et Sécurité sociale

Certaines opérations de chirurgie esthétique, comme l'hypertrophie mammaire imposante ou l'excès de peau sur le ventre («tablier»), peuvent être prises en charge par la Sécurité sociale !

D'autres pistes pour vous aider à maigrir

Pour mettre toutes les chances de votre côté.

D ans la lutte contre les kilos, tous les coups sont permis... ou presque ! Si nous vous conseillons de bannir les médicaments dangereux ou les régimes absurdes, nous vous encourageons à accumuler les «petits moyens» et autres astuces de femme qui vous aideront à potentialiser les effets de votre régime et à maintenir les résultats.

La relaxation comme aide-minceur

La relaxation a comme objectif premier de faire (ou refaire) prendre conscience de son corps à la candidate à l'amincissement, pour qu'elle l'apprécie et réapprenne à l'aimer. Elle permet également de lutter contre le stress, grand responsable des prises alimentaires incontrôlées.

Il s'agit de se familiariser progressivement aux techniques de relaxation. Le plus simple - et le plus efficace - est d'assister à des cours collectifs pour ensuite être capable de pratiquer seule chez soi ou au travail.

Tabagie

Le tabac détient également des vertus prétendues relaxantes. Un point noir, et de taille : il provoque des maladies graves, voire mortelles. Le cadre stressé a souvent tendance à fumer excessivement pour tenter de retrouver un peu de sérénité. A éviter absolument !

Soyez zen... alors vous maigrirez

Quand on veut maigrir et rester mince, on doit modifier sa manière de vivre pour ne pas commettre ces erreurs qui nous avaient fait prendre du poids. Une alimentation saine, une activité sportive, mais également un rythme de vie ponctué de phases de relaxation, aident le corps et l'esprit à se maintenir en bonne santé.

Dites adieu à votre stress

Peut-être faites-vous partie de ces personnes toujours pressées, vivant à cent à l'heure, en état permanent de stress, angoissées au quotidien. Le surmenage physique et intellectuel est devenu banal. Pourtant, il entraîne des comportements qui, eux, peuvent engendrer des troubles divers.

Troubles du comportement alimentaire

Si vous n'avez pas le temps de vous asseoir le midi pour déjeuner, vous ingurgitez vite fait un sandwich dans votre bureau ou à la cafétéria. Sans oublier les barres chocolatées bourrées de calories apportées par les lipides et les glucides simples que vous avalez sans même y penser devant votre micro-ordinateur.

Ou bien vous sautez quotidiennement le repas de midi pour gagner du temps. Résultat, en sortant du travail, vous pillez les boulangeries ou, si vous n'en avez pas le temps, une fois rentrée à la maison, vous vous gavez de biscuits apéritifs debout dans la cuisine tout en préparant le dîner.

Ou encore vous grignotez toute la journée des aliments sucrés et gras (bonbons, biscuits, chocolats, cacahuètes...) pour combattre le stress.

Consommation excessive de café

A force de vivre vite, vous vous épuisez. Le café donne un «coup de fouet» immédiat en cas de «coup de pompe». Et plus ça va, plus vous en consommez. Résultat : le soir, vous ne parvenez pas à vous endormir et le matin, vous êtes fatiguée. Petite parenthèse : un morceau de sucre, c'est 20 calories. Si vous prenez deux sucres dans votre café, à raison de cinq cafés par jour, vous absorbez 200 calories supplémentaires, provenant de sucres rapides.

Quelle méthode de relaxation choisir ?

Le training autogène

Cette méthode a été mise au point par le docteur Schultz vers 1910. Son principe est simple : le patient utilise sa propre pensée pour intervenir au niveau de son corps. Contrairement à la psychanalyse, qui part de la pensée pour agir sur le corps, le training autogène mobilise le corps pour intervenir sur l'esprit. Mais les deux méthodes ne sont pas incompatibles, et on obtient d'excellents résultats en couplant ces deux techniques. La méthode consiste à agir au niveau de l'excitabilité des sens, exactement comme pendant le sommeil. L'individu doit d'abord atteindre un état de passivité pour accéder à l'état de relaxation.

La technique de Jacobson

Cette méthode a été mise au point par ce neurophysiologiste américain, pour venir en aide aux personnes particulièrement stressées. En observant certains de ses patients, Jacobson s'est aperçu que la relaxation traditionnelle ne leur était d'aucun secours tant leur degré d'énervement était élevé.

Il mit donc au point une méthode étonnante : il s'agissait de provoquer une tension musculaire, pour ensuite la relâcher, ce qui génère un état de relaxation intense. Cette technique permet également d'attirer l'attention du sujet sur son état de stress et d'anxiété permanent pour mieux le combattre.

Le yoga

Le yoga est à la fois une science, un art, une philosophie et une technique qui nous vient de l'Inde, visant à atteindre le parfait contrôle des fonctions vitales et la maîtrise de soi.

La pratique du yoga permet d'atteindre une sérénité et une spiritualité hors pair. La femme moderne qui exerce cette discipline a un avantage certain sur ses semblables : elle est plus détendue, plus sûre d'elle, plus calme.

Sans pratiquer cette discipline, par choix ou par manque de temps, vous pouvez tout à fait vous livrer aux séances de relaxation qui précèdent la séance de yoga.

Le rebirthing

Cette méthode extrêmement efficace nous vient des Etats-Unis, où elle a été mise au point par les professeurs Leonard Orr et Stanislav Grof, eux-mêmes inspirés d'une technique orientale utilisée depuis des siècles. Elle est apparue en Europe dans les années 80. Son objectif est de faire vivre une seconde naissance à l'individu : elle lui permet de se ressourcer et d'évacuer des tensions nerveuses et psychologiques accumulées pendant des années.

Le principe du rebirthing est simple : il faut effectuer une inspiration lente et profonde, suivie d'une expiration détendue, tout en tentant de retrouver le rythme naturel qui convient à chacun.

Le rebirthing permet à l'individu de vivre pleinement ses émotions avec son corps et son esprit. Il est recommandé aux personnes qui ont souvent «la tête ailleurs», qui éprouvent des difficultés à se concentrer, sont soucieuses, anxieuses, stressées et qui ne parviennent jamais à se détendre totalement, même durant des moments censés être agréables.

Pour trouver les bonnes adresses

La motivation du patient est aussi importante que le sérieux de la formation du thérapeute. Pour obtenir les coordonnées d'un thérapeute compétent, renseignez-vous auprès de votre médecin généraliste, des hôpitaux et des associations de psychologues.

Vous pouvez également contacter Thérapies conseil : cet organisme regroupant une équipe de psychothérapeutes et de psychanalystes confirmés répond à vos interrogations et vous oriente vers la psychanalyse ou la psychothérapie qui vous convient.

Stress et kilos

Le stress fait maigrir les minces... et grossir les rondes ! Celles qui vivent à cent à l'heure, prennent leur repas (déséquilibré) sur le pouce, sautent un repas à l'occasion... pour mieux stocker le suivant, sont plus exposées à développer un surpoids que celles qui peuvent prendre le temps de vivre.

Evitez cet état de tension perpétuelle en vous accordant, aussi souvent que possible, des plages de détente : un bon bain chaud, une minute de respiration ventrale, un masque de beauté, allongée dans la pénombre, les jambes surélevées, sont un bon moyen de vaincre ce maudit stress.

Quand une psychothérapie est nécessaire

Pour prendre conscience des raisons qui nous poussent à manger trop et mal, une psychothérapie est parfois nécessaire. Associée ou non à un régime selon les cas, elle permet de mieux comprendre le pourquoi de son surpoids, de parvenir à modifier son comportement alimentaire, et donc de maigrir.

Qu'est-ce qu'une psychothérapie ?

Contrairement aux idées reçues, il n'existe pas une mais plusieurs psychothérapies. La plus connue du grand public est la psychanalyse. Mais il existe également des thérapies plus rapides et mieux adaptées à certaines personnes.

Les thérapies comportementales

Elles permettent de mettre à jour les circonstances dans lesquelles le sujet est amené à trop manger : déjeuners professionnels, repas de famille, passage éclair au fast-food... le patient doit apprendre à se maîtriser dans une telle situation. Seul ou en groupe, le sujet rencontre un psychologue pour tenter de faire la lumière sur son comportement alimentaire. Le travail de groupe, qui permet de dédramatiser un comportement souvent vécu comme anormal, a un effet dynamisant. La recherche de solutions personnalisées s'opère souvent en face à face avec le psychologue, c'est-à-dire sur le mode individuel. En général, il s'agit de tenter de limiter les situations durant lesquelles le sujet sera tenté par une envie de manger de manière déséquilibrée.

La thérapie cognitive

Elle a pour premier objectif de dédramatiser la situation de surpoids. Quand le sujet se déculpabilise, il peut alors réfléchir sur la manière d'intervenir pour diminuer l'importance et la fréquence de ses prises alimentaires, en analysant quelles sont les raisons qui le poussent à trop manger.

Ses grandes lignes :
● Minimiser la situation de surpoids.
● Déculpabiliser la personne en surpoids.
● Rectifier les idées reçues sur la nourriture.
● Analyser avec le patient les raisons pour lesquelles il mange mal, trop, trop souvent.
● Tenter de trouver un palliatif à la prise alimentaire.

La psychanalyse

Contrairement aux thérapies cognitive et comportementale, la psychanalyse a pour objectif de démasquer les raisons inconscientes des troubles du comportement alimentaire.

Il s'agit de savoir ce que signifie réellement l'acte de manger pour le patient. Souvent, les troubles du comportement alimentaire sont dus à des conflits opposant l'enfant à la mère durant la petite enfance. En effet, une relation plus ou moins bien vécue mère-enfant, dans laquelle l'acte de se nourrir est au premier plan, peut être la cause de ces troubles. Le sujet, à l'aide de son analyste, pourra tenter, par exemple, de verbaliser les raisons des conflits inconscients qui l'opposaient à sa mère.

Maigrir grâce à l'hypnose

Elle a longtemps eu mauvaise réputation, cette hypnose qui, pratiquée par un médecin compétent, peut aider à perdre du poids. 700 médecins en France la pratiquent, pour soigner divers troubles (dépendances comme au tabac et à l'alcool), mais aussi les troubles du comportement alimentaire.

Le médecin-hypnothérapeute aide son patient à atteindre un état de relaxation profonde, comme un demi-sommeil. Lorsqu'il est plongé dans cet état, le patient, qui garde malgré tout son libre arbitre, devient malléable aux suggestions de l'hypnothérapeute (manger moins et mieux), qui vont tout droit à son inconscient. Résultat : une modification du comportement alimentaire peut apparaître et se conforter dans les jours qui suivent. En général, trois à dix séances sont nécessaires, mais les résultats sont durables.

Le carnet de bord

Tenir un carnet de bord où l'on note la date, l'heure, la nature, les circonstances, le lieu et les motivations de ses prises alimentaires peut aider à comprendre les causes de ses troubles du comportement alimentaire. Les psychologues qui proposent des thérapies cognitives ou comportementales demandent souvent au patient de tenir ce carnet, mais également les diététiciennes. Une analyse personnelle du carnet, seul puis avec son thérapeute, peut aider à modifier efficacement son comportement, et donc à perdre du poids.

Thérapies conseil :

Des professionnels à votre écoute : une permanence téléphonique anonyme et gratuite est assurée du lundi au vendredi de 9h à 11h et de 18h à 22h au 01 42 52 22 99.

La journée minceur de la femme stressée

Matin : 1 déca ; 1 fruit ou jus de fruit (si manque de temps) ; 1 yaourt (ou 1 verre de lait écrémé si manque de temps).
Déjeuner : 1 sandwich pain complet ; salade / tomates / blanc de poulet.
Goûter : 1 fruit frais.
Dîner : 1 crudité ; 150 g de poisson ; 200 g de légumes ; 1 portion de fromage ; 1 yaourt ou 1 dessert à base de fruit (sorbet, pomme au four...).

Leurs vertus

Voici quelles sont les principales vertus des substituts de repas utilisés dans des conditions normales (soit une consommation par jour) :

● **Manger équilibré - en sautant un repas ! - sans le sauter vraiment. Ce qui évite les sensations de vertige, les fringales et leur corollaire - une alimentation trop riche - au repas suivant. Rappelons que le fait de sauter un repas facilite l'augmentation de la masse grasse.**

● **Eviter de traîner dans la cuisine.**

● **Faire chère maigre après une période d'agapes.**

● **Fuir l'inévitable steak-frites de la cantine ou le petit détour par le fast-food.**

Où acheter ces substituts ?

On trouve des substituts de repas :

● **Dans les pharmacies.**

● **Dans les grandes surfaces.**

● **Dans des boutiques spécialisées en diététique.**

● **Par l'intermédiaire de certains médecins.**

Ne vous laissez pas influencer par le discours de la vendeuse, surtout si elle vous promet un effet «brûle-graisse» (on aimerait bien, mais cela n'existe pas), et sachez décoder les étiquettes : environ 20 g de protéines par dose.

Les substituts de repas

Il n'est pas toujours facile de suivre un programme minceur quand on travaille à l'extérieur ou que l'on n'a pas le temps ou le courage de se préparer à manger. Les substituts de repas ont été conçus pour remplacer un repas minceur sans commettre d'erreur diététique.

Le juste nécessaire

Les substituts de repas se présentent sous la forme de boisson, de crème, de poudre à diluer, de biscuits, de barres, voire de potage ou de sandwich.

Ils s'utilisent généralement dans le cadre d'un régime amaigrissant. Ils ont pour objectif d'apporter tout ce dont l'organisme a besoin au cours d'un repas, pour un apport calorique peu élevé, afin de respecter le programme amincissant et de favoriser la perte de poids.

Il est conseillé de ne remplacer qu'un repas quotidien sur trois par un substitut. Pourquoi ? Tout simplement pour éviter de sombrer dans la solution de facilité qui consisterait à se nourrir uniquement avec cette nourriture synthétique, calibrée, sans se soucier par ailleurs de réapprendre à équilibrer son alimentation. A l'arrêt du régime à base de substituts de repas, vous risqueriez fort de regagner le poids perdu en reprenant vos mauvaises habitudes alimentaires.

En quoi les substituts peuvent vous aider

Il ne faut pas considérer les substituts de repas comme un produit miracle, mais comme une aide parmi tant d'autres pour vous aider à mincir. Un repas équilibré et léger - poisson, légumes - est tout aussi efficace (et plus savoureux !) pour perdre du poids qu'un substitut de repas. Contrairement aux idées reçues, les substituts de repas ne font pas maigrir parce qu'ils contiennent des produits aux vertus amincissantes, mais parce que leur valeur énergétique est peu élevée.

Quel substitut choisir ?

Il doit à la fois être pauvre en calories, et couvrir les besoins indispensables de l'organisme en protéines, glucides et lipides, vitamines et sels minéraux.

Choisissez de préférence des substituts de repas riches en protéines : sachant que vous devez consommer environ 1 g de protéines par jour et par kilo de masse corporelle, si vous pesez 60 kg vous devrez consommer à chaque repas environ 20 g de protéines. Privilégiez donc les substituts de repas contenant cette quantité de protéines par dose (et non aux 100 g).

Ils doivent également contenir des glucides : entre 20 et 30 g par dose est souhaitable. Privilégiez néanmoins les substituts contenant des glucides à index glycémique bas, pour éviter le «coup de pompe», voire la fringale, quelques heures après. De même, si vous avez un gros appétit, choisissez un substitut contenant des fibres alimentaires à l'effet satiétogène bien connu. Quant aux lipides, ils doivent être présents en petite quantité : moins de 10 g par repas, la quantité idéale tournant plutôt autour de 6 g.

Attention aux carences

Certains substituts de repas sont riches en micronutriments (vitamines, sels minéraux...). D'autres en contiennent peu ou pas du tout. Là aussi, consultez les étiquettes pour adapter, le cas échéant, votre alimentation lors de vos deux autres repas quotidiens.

La consommation de substituts de repas sur une période de régime relativement courte ne risque pas d'entraîner de carences vitaminiques. Si vous utilisez des substituts de repas sur une période plus longue, n'hésitez pas à en parler à votre médecin pour qu'il vous prescrive éventuellement un complément vitaminique.

D'AUTRES PISTES

Une aide ponctuelle

Les substituts de repas sont faciles à préparer, voire prêts à l'emploi... et ne salissent que peu ou pas de vaisselle. Mais leur usage est inefficace pour modifier profondément ses habitudes alimentaires. Ils sont donc à utiliser dans des cas bien spécifiques : désir de perte de poids rapide, lassitude du régime traditionnel, situation particulière (déjeuner sur le lieu de travail par exemple).

De plus, ils sont assez chers (plus qu'un repas traditionnel basses calories préparé à la maison) et peuvent être consommés sans avis médical, d'où risque de dérapage vers une alimentation marginale, constituée essentiellement de substituts de repas.

Les substituts de repas ont l'avantage de remplacer ponctuellement un repas équilibré.

Les médicaments à l'hôpital

Ils sont prescrits uniquement sur avis d'un médecin exerçant à l'hôpital. Un médecin généraliste consultant en ville peut éventuellement prolonger l'ordonnance.

Ce traitement lourd est destiné aux personnes dont l'indice de masse corporelle est supérieur à 30 et qui présentent une complication médicale sérieuse due au surpoids.

La durée du traitement ne peut généralement excéder trois mois, sur une seule ou plusieurs périodes. On l'associe à une rééducation de l'hygiène de vie.

Des préparations dangereuses

Certains médecins peu scrupuleux s'intitulant «obésologues» (une spécialité non reconnue) prescrivent un traitement à faire préparer par un pharmacien qu'il prendra bien soin de vous indiquer. En général, vous aurez à prendre deux gelules différentes... tout simplement parce que certaines associations dangereuses au sein de la même préparation sont interdites. En agissant ainsi, ils passent à travers les mailles du filet de la loi.

Les médicaments à visée amincissante

Si le médicament pour maigrir sans jamais regrossir et sans effet secondaire existait, vous comme nous en serions les premières informées, et ce livre n'aurait plus de raison d'être. Hélas, point de miracle : pour perdre du poids, il faut manger moins, mieux, et bouger davantage. Dans certains cas, votre médecin vous prescrira un médicament pour vous aider à mincir ou pour relancer votre amincissement.

Les produits d'appoint

Ces médicaments ont la particularité de contenir une substance (glucomannane, gomme de guar, gomme de xanthane...) dont l'apport calorique est quasiment nul, et qui gonfle au contact de l'eau. Absorbés avec un grand verre d'eau, ils enflent dans l'estomac et sont donc censés couper la faim. Ils sont généralement vendus sans ordonnance en pharmacie, et ne sont pas dangereux si la posologie est bien respectée. Mais il est recommandé de demander conseil à son médecin.

Les personnes qui ont l'habitude de manger beaucoup à table peuvent obtenir de bons résultats en prenant ces médicaments avant les repas, accompagnés d'un verre d'eau. Vous pouvez également remplacer la collation par la prise de ces médicaments. En revanche, si vous avez l'habitude de grignoter tout au long de la journée, ne comptez pas sur eux pour obtenir des résultats miraculeux. Il vous faudra revoir vos habitudes alimentaires. Ils sont plus ou moins bien tolérés du point de vue intestinal : des diarrhées ou des ballonnements peuvent apparaître.

Les traitements médicamenteux

Ce ne sont pas des traitements de l'obésité et ils ne doivent donc plus être prescrits pour faire perdre du poids.

Les diurétiques

Ils accélèrent et augmentent l'élimination de l'eau et du sel et font donc uriner davantage, mais n'ont aucune influence sur la fonte du tissu adipeux. La perte de poids est donc illusoire :

on perd de l'eau et donc du poids, certes, mais pas de graisse. Dès l'arrêt du traitement, les kilos perdus sont repris. De plus, ils provoquent de dangereux troubles métaboliques : troubles rénaux, cardiaques, crampes, vertiges...

Ils sont recommandés essentiellement aux personnes qui ont des problèmes cardiaques, une insuffisance rénale, ou qui présentent un oedème (comme l'oedème cyclique idiopathique), mais certainement pas aux personnes fortes dans un but amaigrissant.

Les hormones thyroïdiennes

Leur prescription est interdite pour traiter l'obésité. Leur seule indication est le traitement de l'hypothyroïdie, maladie rare. Dans ce cas, et dans ce cas seulement, les hormones thyroïdiennes sont prescrites pour pallier la déficience de la glande thyroïde.

Prendre des hormones thyroïdiennes dans un but amincissant vous ferait perdre de la graisse, mais également beaucoup de masse maigre. Leur prise entraîne également des troubles graves : troubles cardiaques, bouffées de chaleur, insomnies, nervosité, agressivité... De plus, les kilos perdus seraient repris immédiatement à l'arrêt du traitement avec, en prime, des troubles du fonctionnement de la glande thyroïde.

Les amphétamines

Il s'agit de médicaments visant à couper la faim mais pas d'un traitement de l'obésité. Leur prescription n'est pas anodine car les effets secondaires sont très importants. De plus, leur prescription se résumerait à «voir le surpoids par le petit bout de la lorgnette», c'est-à-dire seulement à diminuer l'appétit, et donc à provoquer une perte de poids, sans se soucier de la prise en charge psychologique ni de la rééducation alimentaire du patient.

Les amphétamines entraînant de nombreux effets secondaires, les pharmaciens n'ont aujourd'hui plus le droit de délivrer des amphétamines sur ordonnance médicale d'un médecin de ville. En effet, elles sont désormais prescrites en milieu hospitalier, et pour les obésités sévères. Selon l'amphétamine utilisée, on pourra observer des phénomènes de bouche sèche, des insomnies, des vertiges, une constipation, voire une dépression à l'arrêt du traitement car leur prise entraîne une dépendance. A noter aussi l'apparition rare mais réelle d'hypertension artérielle pulmonaire primitive, une maladie grave, pouvant nécessiter une greffe des poumons !

Les plantes à votre secours

La phytothérapie propose de nombreuses substances ayant le même effet que les médicaments d'appoint et de confort, permettant, comme nous l'avons vu, à la personne soucieuse de perdre du poids de se sentir soutenue. Ce sont le fucus vesiculosus, l'ispaghul, le konjac, riche en glucomannane, le pamplemousse... pour ne citer qu'eux. Pour plus d'informations, demandez conseil à votre pharmacien.

Le médicament de l'espoir

Le Xenical® est un médicament récent. Son principe actif, l'Orlistat, est une substance permettant de réduire de 30 % l'absorption des lipides alimentaires au niveau de l'intestin. Pour éviter certains effets secondaires (diarrhées) et potentialiser l'amincissement, le patient ne doit pas absorber plus de 60 g de lipides/jour.

Ce traitement est réservé aux grands obèses (IMC égal ou supérieur à 30).

L'homéopathie

Fondée par le Dr Samuel Hahnemann, il s'agit d'une technique thérapeutique s'appuyant sur les lois de similitude, et qui a pour but de soigner les patients par des remèdes végétaux, organiques ou minéraux pareils à ceux provoquant des maladies mais en quantité infime. Chaque patient est envisagé selon son vécu et son mode de vie.

L'acupuncture

Elle est issue directement de la médecine traditionnelle chinoise, mais les médecins occidentaux s'intéressent de plus en plus à ses résultats. L'acupuncture fonde ses principes sur l'existence de circulation d'énergie - le souffle - à travers le corps humain. Les organes et viscères sont en communication avec la surface du corps, la peau, et vice versa : si bien que l'on peut stimuler ou ralentir la fonction d'un organe en agissant sur le derme, au niveau des points d'acupuncture, situés sur les méridiens, lignes de force dans lesquelles circule l'énergie.

Les médecines parallèles

Voici plusieurs années que la vague des médecines douces a déferlé sur la France. Les déçus de la médecine allopathique et des régimes miracles se tournent vers ces techniques qui peuvent se révéler une aide pour perdre du poids... conjointement au régime !

L'homéopathie et les problèmes de surpoids

Le médecin homéopathe détermine et prescrit un traitement du terrain qui, associé à un régime, facilite la perte de poids. Certains patients réagissent mieux au traitement que d'autres. Mais dans tous les cas, point de miracle : l'amincissement passe par une modification des règles d'hygiène de vie.

L'acupuncture et les problèmes de surpoids

L'acupuncture est une médecine prenant en compte l'individu dans son ensemble, évoluant dans un univers spécifique qui détermine en partie ce qu'il est. Elle peut beaucoup pour toutes sortes de troubles et de pathologies, comme par exemple les problèmes de surpoids. Le traitement doit être mené conjointement à un programme diététique.

L'ostéopathie et la perte de poids

L'ostéopathie est un art, une science et une technique pour diagnostiquer et traiter par les mains les dysfonctions du corps humain. Elle appréhende l'individu dans sa globalité. Le thérapeute agit uniquement à mains nues pour déceler et corriger les restrictions de mobilité pouvant toucher un os, une articulation, un tissu, un organe ou un viscère.

L'ostéopathie reconnaît qu'une correspondance existe entre chaque organe et chaque vertèbre, puisque chaque segment médullaire est en relation avec des zones, tissus et viscères spécifiques via les voies nerveuses. Si le nerf correspondant à la zone d'un organe est compressé, cet organe ne pourra accomplir correctement ses fonctions. Ainsi, une atteinte en D 10 (10e vertèbre dorsale), zone en relation avec le foie, le pancréas, les reins, les glandes surrénales, les uretères, les ovaires, l'utérus et l'intestin grêle, peut favoriser l'apparition de cellulite, car ces organes ne peuvent fonctionner normalement. L'ostéopathe diagnostique et traite à mains nues ces dysfonctions de l'organisme pour un retour à la normale.

La mésothérapie

La mésothérapie se situe à la frontière entre la médecine allopathique et la médecine douce. Développée par le Dr Pistor dans les années 50, elle s'est depuis développée et a élargi son champ d'intervention. Elle permet, dans de nombreux cas, de guérir les maladies et surtout d'éradiquer la douleur.

Le médecin administre le médicament au niveau local, dans le mésoderme (d'où le nom donné à cette médecine), grâce à de micro-injections. Les substances injectées entrent aussitôt en contact avec les terminaisons nerveuses et le système de microcirculation. L'organisme n'est pas agressé par des doses trop massives de médicaments.

Cette pratique thérapeutique, contrairement aux idées reçues, n'est pas seulement destinée aux problèmes de surpoids et de cellulite, même si elle donne parfois des résultats sur cette dernière. Elle est avant tout la médecine de la douleur (rhumatismes, céphalées, névralgies, migraines, tendinites...), mais également des troubles nerveux (spasmophilie, stress, trac...), de l'appareil gynécologique, du système urinaire, des infections locales. Néanmoins, elle est souvent recommandée, il est vrai, pour des raisons esthétiques : cicatrices chéloïdes («en relief»), vergetures, vieillissement cutané...

Pour que la mésothérapie soit efficace, il convient d'injecter les produits en dose minime (cela suffit), tout près de la lésion (sur les jambes pour les jambes...), au moment opportun.

Existe-t-il des risques ?

Le risque majeur est que «ça ne marche pas» (environ 20 % des cas, ce qui est peu). Quelques intolérances locales et phénomènes allergiques (comme dans toutes les médecines utilisant des substances allopathiques) ont été rapportés. Le phénomène de rebond est également à noter : la douleur est plus importante après la première, voire la deuxième séance, qu'avant le commencement du traitement. Il convient alors d'interrompre le traitement.

D'AUTRES PISTES

Où trouver les bonnes adresses

● L'homéopathie et l'acupuncture étant des disciplines reconnues officiellement, il suffit de rechercher dans l'annuaire à la rubrique «médecins généralistes - Orientation homéopathie (ou acupuncture)». Les consultations sont prises en charge par la Sécurité sociale.

● La mésothérapie est pratiquée par un médecin généraliste ou spécialiste ; elle est donc remboursée par la Sécurité sociale.
Société française
de Mésothérapie
15, rue des Suisses
75014 Paris
Tél. : 01 45 42 71 34

● Pour obtenir les coordonnées d'ostéopathes compétents, adressez-vous à :
AFDO (Association française des ostéopathes)
5 bis, boulevard du 1er RAM
10000 Troyes
Tél. : 03 25 73 60 65
ou 03 25 73 76 55
ou à l'UFOF (Union fédérale des ostéopathes de France)
169, avenue Foch
94100 Saint Maur-des-Fossés
Tél. : 01 48 86 16 58

Pour obtenir les coordonnées d'ostéopathes médecins, s'adresser au :
Syndicat national des médecins ostéopathes
148, boulevard Malesherbes
75017 Paris
Tél. : 01 46 22 35 54
ou à : Association française des médecins ostéopathes et praticiens en médecine manuelle
215, rue du Fbg-Saint-Antoine
75011 Paris
Tél. : 01 43 71 79 66

Quels «pouvoirs» ont donc les eaux thermales ?

Aucune étude sérieuse n'a encore été réalisée à ce jour sur les vertus curatives des eaux thermales. Et cela est bien dommage, car on découvrirait sans nul doute pourquoi et comment ces sources soulagent. Les détracteurs des cures se glissent dans cette brèche pour mettre en avant l'effet placebo du thermalisme. Même si la détente, le repos et la prise en charge par des tierces personnes en augmentent les effets, il est certain que ces seuls facteurs ne suffisent pas à donner des résultats positifs et durables à la cure. On sait néanmoins que les eaux sont riches, pour la plupart, en oligo-éléments métalliques, silicatés, sodiques, sulfatés, calciques ou chlorurés...

De plus, l'action de massage des bains bouillonnants, des douches, des jets, a un effet certain sur la micro-circulation, et donc sur la cellulite.

Thalassothérapie et thermalisme

L'eau représente le premier milieu dans lequel nous avons évolué. C'est pourquoi nous nous y sentons si bien ! Mieux, elle est utilisée pour traiter de nombreux problèmes de santé, et notamment les problèmes de surpoids.

Le thermalisme

Déjà les Romains avaient pris l'habitude «d'aller aux bains» pour traiter leurs problèmes de santé. Aujourd'hui, la cure thermale est préconisée dans de nombreuses pathologies et, en première ligne, le surpoids. Elle doit être associée à une thérapeutique globale et à une bonne hygiène de vie. Son objectif est également d'informer et de rééduquer le patient, de lui transmettre des conseils diététiques. La cure thermale permet au sujet trop gros de relativiser l'importance de son problème.

La cure thermale : le «starter» de l'amincissement

La cure thermale est idéale pour entamer un programme minceur. Dans un environnement de calme et de luxe, pris en charge par l'équipe, et loin des soucis, on vit à l'écoute de son corps. On reprend goût à l'activité physique, on recommence à se nourrir intelligemment. Un suivi médical sérieux permet au candidat à l'amincissement de potentialiser les effets de la cure.

Où s'adresser ?

Il existe une centaine de stations thermales en France. Chaque eau a ses propres vertus. En général, le traitement comprend une cure de boisson ainsi que des soins externes effectués avec de l'eau thermale :

● Des bains, bains à remous, bains bouillonnants.
● Des bains de siège.
● Des soins pendant le bain.
● Des jets.
● Des douches.
● Des applications de boue...

Peuvent s'ajouter des soins «secs» : massage, gymnastique...

Si vous êtes tentée par une cure thermale pour doper votre programme amincissant, parlez-en à votre médecin qui prendra ou non la décision de faire une demande. Depuis 1947, les cures sont prises en charge par la Sécurité sociale. Le médecin se charge de remplir des documents pour la station de son choix. Vous devrez compléter un formulaire, vous présenter à la convocation d'un médecin assermenté qui prendra la décision finale. Si votre demande est rejetée, vous pourrez faire appel, à condition d'avoir avec vous un solide dossier. Si vous ne recevez pas de réponse dans les trois semaines qui suivent votre demande, c'est que votre cure est acceptée.

Vous vous chargerez alors d'organiser votre séjour et votre mode d'hébergement : hôtel, pension de famille, location indépendante... Vous devrez également prendre rendez-vous à l'avance avec le médecin qui mettra au point un programme spécialisé et qui vous suivra tout au long de votre cure.

Citons pour exemple : La Bourboule (63), Brides-les-bains (73), Contrexéville (88), Dax (40), Evian (01), Luxeuil-les-Bains (70), Thonon-les-Bains (74), Vichy (03)...

La thalassothérapie

Qu'est-ce que la thalassothérapie ?

La thalassothérapie représente l'art de soigner les maux par les vertus de la mer. Dans l'Antiquité déjà, les Grecs et les Romains attribuaient à la mer des propriétés curatives. Plus tard, on recommande aux malades et aux lymphatiques des «bains de mer». Depuis quarante ans, elle s'est considérablement développée : on s'offre huit jours de «thalasso» comme on s'octroyait un séjour d'une semaine aux sports d'hiver.

L'eau utilisée pour les soins est puisée en pleine mer, afin de garder ses propriétés. Elle est riche en oligo-éléments (sodium, potassium, calcium, magnésium...) bénéfiques pour l'organisme, possède des vertus hydratantes, ionisantes. Sa richesse en algues et en plancton lui confère également de grandes vertus bienfaisantes. On associe généralement aux soins de thalassothérapie à proprement parler (douches au jet, bains bouillonnants, enveloppements d'algues) des soins «secs» : massages, drainages lymphatiques... Un bilan nutritionnel est également au programme, ainsi que des séances de relaxation et de gymnastique.

D'AUTRES PISTES

La balnéothérapie

Pratiquée généralement en institut spécialisé, elle fait usage d'eau de mer reconstituée ou d'eau de ville. Les massages, enveloppements d'algues, soins relaxants conjugués avec la chaleur de l'eau peuvent contribuer à accélérer la cure d'amincissement. Principal avantage : nul besoin de s'expatrier à 500 km de son domicile pour avoir accès à des séances de balnéothérapie ; il suffit de se rendre, le soir après le travail, en institut pour une heure de pur bonheur !

Pour trouver les bonnes adresses

**Fédération internationale de Thalassothérapie Mer et Santé
8, rue d'Isly
75008 Paris
01 44 70 07 57
ou 3615 code Thalasso
(2,23 f la minute).**

Où s'adresser ?

Il règne un flou artistique autour des centres de thalassothérapie, leur sérieux, leur efficacité. Le public ne sait plus souvent à quel saint se vouer. La Fédération internationale de Thalassothérapie Mer et Santé a pour objectif de défendre et de promouvoir la qualité des centres de thalasso français œuvrant dans un but thérapeutique.

Pour tout savoir sur les régimes stars

Petit aperçu des régimes les plus célèbres.

Nous ne vous apprendrons rien en vous disant que toute alimentation hypocalorique entraîne, dans la majeure partie des cas, un amincissement. Mais certains régimes dits «miracles» et, en réalité, complètement déséquilibrés et carencés, font perdre chaque année à des milliers de femmes leur précieuse masse musculaire... sans les débarrasser d'une once de graisse. A l'arrêt de ces régimes, on reprend aussitôt le poids perdu... sous forme de tissu adipeux !
Pour mettre fin à ce «massacre», nous avons passé au crible de manière objective tous les régimes les plus célèbres. A vous de choisir en connaissance de cause !

Le régime associé

Conçu par le Dr Fricker, chercheur et nutritionniste, ce programme intelligent propose sans jamais l'imposer une nouvelle manière de réfléchir sur l'amincissement et de vivre son alimentation au quotidien.

Ses grandes lignes

● Consommer suffisamment de protéines pour mincir sans perdre sa masse maigre.
● Consommer des aliments glucidiques riches en fibres alimentaires, associés ou non à un peu de lipides pour les acides gras essentiels et pour le goût.
● Privilégier les aliments riches en vitamines.

Chacun détermine son programme minceur en fonction de sa corpulence, de l'importance du poids à perdre et de la volonté de maigrir vite ou moins vite. Il s'agit d'un travail de longue haleine, organisé sur plusieurs mois et généralement bien supporté puisqu'il est bien équilibré.

Ses avantages

● Un régime honnête et sensé, où il est clairement annoncé que pour maigrir, il faut manger moins et bouger plus. Ce que certains auteurs de régimes révolutionnaires ont parfois tendance à remplacer par la formule : «Maigrissez en mangeant ce que vous voulez !»
● Responsabilisation du candidat à l'amincissement, qui se doit de choisir et de suivre le régime qui lui convient.
● Un amincissement progressif et durable dans la mesure où la phase de stabilisation est respectée.

Ses inconvénients

Le régime doit être suivi sur une période relativement longue. Ce qui peut décourager certaines personnes à la volonté émoussée. Mais cette formule est aussi la garantie d'un amincissement durable.

Le régime associé *

Le Dr Fricker propose quatre programmes minceur :
● à 1200 calories
● à 1600 calories
● à 2000 calories
● à 2400 calories.

* Le nouveau guide du bien maigrir par le Docteur Jacques Fricker, éditions Odile Jacob, 1996.

Formule 1
(formule à 1200 calories)

Petit déjeuner :
• Thé ou café sans sucre ou avec un édulcorant
• 1 grand verre de lait écrémé
• 1/8 de baguette
• 1 noix de beurre allégé à 41 % de matière grasse
• Fruits : à varier selon les saisons et vos envies.

Déjeuner :
• Crudités vinaigrette (avec une cuil. à café d'huile) à volonté
• Une part de viande, poisson ou œufs
• Légumes verts à volonté
• Une noisette de beurre allégé à 41 % de matière grasse
• Trois cuil. à soupe de fromage blanc à 0 ou 10 % de matière grasse
• Fruits : à varier selon les saisons et vos envies.

Dîner :
• Potage de légumes à volonté, avec une cuil. à soupe de crème fraîche
• Une part de poisson, œufs ou viande
• Légumes verts à volonté
• Une noisette de beurre allégé à 41 % de matière grasse
• 1/6 de baguette de pain
• Une portion de fromage
• Fruits : à varier selon les saisons et vos envies.

Formule 2
(formule à 1500 calories)

Petit déjeuner :
• Thé ou café sans sucre ou avec un édulcorant
• 1 grand verre de lait demi-écrémé
• 1/6 de baguette
• 1 noix de beurre
• Fruits : à varier selon les saisons et vos envies.

Déjeuner :
• Crudités vinaigrette (avec une cuil. à café d'huile) à volonté

- Une part de viande, poisson ou œufs
- Légumes verts à volonté
- 4 petites pommes de terre ou 6-8 cuil. à soupe de pâtes, riz, maïs, semoule ou légumes secs
- Une noix de beurre
- Trois cuil. à soupe de fromage blanc à 0 ou 10 % de matière grasse
- Fruits : à varier selon les saisons et vos envies.

Dîner :
- Potage de légumes à volonté, avec une cuil. à soupe de crème fraîche
- Une part de poisson, œufs ou viande
- Légumes verts à volonté
- Une noix de beurre
- 1/6 de baguette de pain
- Une portion de fromage
- Fruits : à varier selon les saisons et vos envies.

Formule 3
(formule à 1800 calories)

Petit déjeuner :
- Thé ou café sans sucre ou avec un édulcorant
- 1 grand verre de lait demi-écrémé
- 1/3 de baguette
- 1 noix de beurre
- 2 cuil. à café de confiture
- Fruits : à varier selon les saisons et vos envies.

Déjeuner :
- Crudités vinaigrette (avec deux cuillerées à café d'huile) à volonté
- Une part de viande, poisson ou œufs
- Légumes verts à volonté
- 4 petites pommes de terre ou 6-8 cuil. à soupe de pâtes, riz, maïs, semoule ou légumes secs
- Une noix de beurre
- Trois cuil. à soupe de fromage blanc à 0 ou 10 % de matière grasse
- Fruits : à varier selon les saisons et vos envies.

Dîner :
- Potage de légumes à volonté, avec

une cuil. à soupe de crème fraîche
- Une part de poisson, œufs ou viande
- Légumes verts à volonté
- 2 petites pommes de terre ou 3-4 cuil. à soupe de pâtes, riz, maïs ou légumes secs
- Une noix de beurre
- 1/3 de baguette de pain
- Une portion de fromage
- Fruits : à varier selon les saisons et vos envies.

Formule 4
(formule à 2200 calories)

Petit déjeuner :
- Thé ou café sans sucre ou avec un édulcorant
- 1 grand verre de lait demi-écrémé
- 1/3 de baguette
- 3 noisettes de beurre
- 2 cuil. à café de confiture
- Fruits : à varier selon les saisons et vos envies.

Déjeuner :
- Crudités vinaigrette (avec deux cuil. à café d'huile) à volonté
- Une part de viande, poisson ou œufs
- 4 petites pommes de terre ou 6-8 cuil. à soupe de pâtes, riz, maïs, semoule ou légumes secs
- Une noix de beurre
- 1/3 de baguette
- Trois cuil. à soupe de fromage blanc à 0 ou 10 % de matière grasse avec une cuil. à café de sucre
- Fruits : à varier selon les saisons et vos envies.

Dîner :
- Potage de légumes à volonté, avec deux cuil. à soupe de crème fraîche
- Une part de poisson, œufs ou viande
- Légumes verts à volonté
- 2 petites pommes de terre ou 3-4 cuil. à soupe de pâtes, riz, maïs, semoule ou légumes secs
- Une noix de beurre
- 1/3 de baguette de pain
- Une portion de fromage
- Fruits : à varier selon les saisons et vos envies.

Ses objectifs
● **Meilleur équilibre alimentaire.**
● **Amaigrissement progressif par fonte de la masse grasse.**

Son mode d'action
Le professeur Fricker ne propose pas un mais quatre régimes équilibrés à choisir selon trois critères : la vitesse à laquelle le candidat à l'amincissement souhaite maigrir, son sexe, et sa corpulence.
Il accorde une grande importance à la phase de stabilisation. En effet, s'il est relativement aisé de perdre du poids, il est plus difficile de ne pas regrosser.

Notre verdict
Ce régime à la fois efficace et très équilibré tient compte des besoins et des spécificités de chacun. Il peut être suivi sur une période longue.
Il est inclus au sein d'une politique globale d'amincissement, dont l'activité physique et le respect de règles d'hygiène de vie sont les deux autres points forts.

Ses avantages

● Il s'agit d'un programme simple, réalisable par tous, chez soi comme au restaurant (mais avec plus de difficultés quand on est invité à dîner).

● Les calories ne sont pas comptées : il suffit d'exclure une catégorie d'aliments (les glucides) ; la sensation de faim s'amenuise ou disparaît.

Ses inconvénients

● Très riche en graisses, ce régime affole le corps médical qui l'accuse de favoriser les maladies cardio-vasculaires, contrairement au Dr Atkins, qui prétend que son programme, bien mené, diminue leur apparition !

● Trop pauvre en glucides (une salade verte par jour ne remplace pas une assiette de pâtes), les réserves musculaires en glycogène sont nettement moins importantes : les muscles ne peuvent donc accomplir leur travail.

● Fonte du tissu adipeux, mais également du tissu musculaire (la masse maigre du corps, dont l'entretien, à lui seul, brûle des calories).

● Trop pauvre en fruits et en légumes, donc en vitamines et en fibres.

● Risque de carence en calcium.

● Mauvaise répartition des glucides/ (puisqu'ils sont absents !) lipides/protides.

● Reprise de poids assurée (en graisse, pas en muscle), dès l'arrêt du régime.

Le régime Atkins

Elaboré par ce médecin, il a été réactualisé dernièrement. Le Dr Atkins se vante d'avoir fait maigrir des milliers de personnes et d'avoir amélioré leur état de santé.

Ses grandes lignes

Elles sont simples, ne nécessitent ni calcul de calories, ni pesage des aliments, mais seulement une bonne connaissance de leur composition : il faut supprimer tous les glucides, que ce soient des sucres à index glycémique faible ou des sucres à index glycémique élevé. Les graisses en revanche sont consommées à volonté, ainsi que les protéines. Ce régime est un régime «à vie» : le Dr Atkins lui-même reconnaît que le poids est repris en cas d'arrêt du programme.

Ses objectifs

● Amincissement par la fonte rapide de la masse grasse.

● Réduction de la sécrétion d'insuline en consommant moins de glucides, d'où assimilation des graisses moins importante.

● Diminution voire disparition des problèmes de santé tels que le diabète, l'hypertension, les maladies cardio-vasculaires, mais aussi «disparition de maux tels que fatigue, irritabilité, dépression, difficulté de concentration, maux de tête, insomnies, vertiges, toutes sortes de douleurs musculaires et articulaires, brûlures d'estomac, colite, rétention d'eau, syndrome prémenstruel, voire accoutumance au tabac».

● Disparition de la sensation de faim.

Le régime Atkins*

Il est organisé en quatre phases :

1. **Phase d'induction (durée : 14 jours)**

Il s'agit de commencer votre régime, en respectant les principes suivants :

● Ne pas consommer plus de 20 g de glucides par jour.

● Manger à sa faim.

● Faire l'impasse totale sur les aliments interdits.

● Consommer des protéines pures.

2. **Phase de poursuite de l'amaigrissement (jusqu'à ce que soit atteint le poids idéal)**
● Déterminer la quantité de glucides que vous pouvez consommer quotidiennement pour continuer à perdre du poids.
● Mêmes principes que phase 1.

3. **Phase de préentretien (lorsqu'il ne reste plus que 3 à 5 kg à perdre)**
● Réintroduction progressive des aliments «dangereux»

4. **Phase d'entretien (lorsque le poids idéal est atteint)**
● Il s'agit de déterminer quelle est la quantité de glucides que l'on peut absorber quotidiennement sans reprendre de poids.
● Eviter tous les sucres rapides et beaucoup de sucres lents.
● Continuer à absorber une alimentation riche en lipides et en protides.
● Réagir par un régime strict à toute prise de poids.

Aliments à consommer à volonté lors de la phase d'induction :
● Toutes les viandes, y compris les volailles.
● Tous les poissons.
● Tous les fruits de mer.
● Œufs cuits sous toutes les formes.
● Fromages sauf les fromages diététiques, les crèmes de fromage et les fromages à base de petit-lait en raison de leur teneur en glucides.

Aliments à consommer en quantité limitée :
● Tous les légumes ne contenant pas plus de 10 % de glucides.
● Laitue, romaine, scarole... et toutes les salades, radis, radis noir, soja, concombre, fenouil, poivron, céleri, champignons, artichaut, asperges, haricots verts ou beurre, cœur de palmier, chou, chou-fleur, échalote, feuilles de betterave, bettes, aubergines, chou rouge, chou-rave, choux de Bruxelles, poireaux, épinards, courge, courgette, gombos, potiron, navet, avocat, pousses de bambou, fèves, salsifis, pissenlit, olives, brocolis, céleri-rave, tomates, oignons, châtaignes.
● Toutes les épices et les fines herbes.
● Eau plate et gazeuse à volonté.
● Boissons sans sucre à volonté.
● Café et thé décaféiné.
● Toutes les matières grasses sauf la margarine (!), mayonnaise, beurre, crème fraîche, etc.

Son mode d'action
● **Privé de glucides, le corps puise dans ses propres réserves graisseuses pour fabriquer un élément de substitution, les corps cétoniques, dont une partie est éliminée dans les urines.**
● **La ration calorique est moins élevée : en mangeant toujours la même chose (des aliments gras), on se lasse et, peu à peu, on finit par manger moins.**

Notre verdict
Ce régime beaucoup trop riche en lipides et trop pauvre en glucides est totalement déséquilibré, voire néfaste pour la santé. Il fait maigrir certes, mais autant en masse maigre qu'en masse grasse. Plus grave, il favorise, à long terme, les maladies cardio-vasculaires.

* Le nouveau régime Atkins, éditions Solar, paru aux Etats-Unis sous le titre *Dr Atkins new diet revolution*.

Ses avantages

● **Les carences sont moins importantes que pour d'autres régimes, puisque l'on finit toujours par manger tel ou tel aliment dans la journée, voire dans la semaine.**

● **Régime facile à faire chez soi ou au bureau, impossible au restaurant ou lorsque l'on est invité.**

Ses inconvénients

● **Pas d'argument scientifique.**
● **Monotonie et frustration inutiles.**
● **Vie sociale impossible.**
● **Reprise de poids inévitable.**

Notre verdict

Quelle faute avez-vous commise pour tenter d'obtenir de la sorte votre rédemption ? Inutile de vous imposer de telles frustrations. Revenez à une alimentation équilibrée et, de grâce, à la vie sociale.

Le régime dissocié

Il réapparaît périodiquement sous sa forme initiale ou en version revue et corrigée. Ses principes sont simples, ses résultats variables.

Ses grandes lignes

Selon ceux qui soutiennent ce régime, ce n'est pas le fait de manger beaucoup qui fait grossir, mais le fait de manger au même repas des aliments incompatibles.

Il faut connaître les différentes combinaisons alimentaires pour éviter les erreurs.

Par exemple, il ne faut pas associer :
● Les protides maigres avec les glucides
● Les protides entre eux
● Les protides et les légumineuses
● Les protides et les lipides
● Les protides et les glucides
● Les protides et les acides
● Les sucres complexes et les sucres simples
● Les glucides et les acides
● Les glucides entre eux
● Les glucides et les lipides
● Les fruits et les glucides
● Les lipides et les glucides simples

En revanche, vous devez associer :
● Les protéines et les légumes
● Les amidons et les légumes
● Les légumes entre eux
● Les légumes avec les légumes secs et les lipides
● Les fruits acides entre eux ou avec les mi-acides ou les doux
● L'ananas et les protéines
● Les pommes et les amidons

Son objectif

Une perte de poids durable… tant que l'on suit le régime.

Son mode d'action

Le régime dissocié supprimerait les phénomènes de fermentation dus à la consommation d'aliments incompatibles, gênant ainsi la digestion et provoquant, à la longue, une prise de poids. En réalité, chacun sait que l'on mange moins si l'on n'a droit qu'à un seul, voire à deux aliments par repas. Une biscotte sans beurre, ou du fromage sans pain ne sont pas très attractifs ! Comme on mange moins, on maigrit inévitablement.

Une variante

Il s'agit de ne manger qu'un seul aliment par repas, et rien d'autre. Par exemple, le matin, fromage blanc à volonté. Le midi, carottes à volonté et le soir, viande à volonté. Variante de cette variante, le régime dissocié qui consiste à ne manger qu'une catégorie d'aliments par jour ; par exemple le lundi, légumes à volonté ; mardi, viandes à volonté ; mercredi, fromages à volonté... On comprend aisément que l'on parvienne à perdre du poids tant l'alimentation devient monotone...

Le régime dissocié

Voici le régime Antoine, à titre d'exemple :

Lundi	Viande à volonté
Mardi	Laitages à volonté
Mercredi	Fruits à volonté
Jeudi	Légumes à volonté
Vendredi	Œufs à volonté
Samedi	Poisson à volonté
Dimanche	Alimentation libre

Ce programme amincissant est à répéter chaque mois, jusqu'à l'obtention du poids désiré.

On doit admettre que le mercredi et le jeudi, l'alimentation est loin d'apporter les 1 g par jour et par kilo de poids corporel recommandés ! De même, les journées du lundi, du mardi et du vendredi sont riches en graisses saturées, dont la consommation excessive favorise les maladies cardio-vasculaires.

Ses principes

En augmentant la consommation de fibres alimentaires, «aliments» non assimilables par l'organisme, on parvient à diminuer la sensation de faim, et comme on mange moins, on maigrit. De plus, une alimentation riche en fibres ralentit et diminue l'assimilation des lipides et des glucides. On trouve les fibres alimentaires dans tous les végétaux (céréales, légumes, fruits). Le régime est également hypocalorique (entre 1000 et 1500 calories par jour).

Les cures de fruits

Encore plus absurde, les «cures» de pamplemousses, d'anana, ou de bananes, qui auraient, paraît-il, un effet «brûle-graisse» ! L'amincissement obtenu réside dans le fait que vous ne pourrez décemment pas manger beaucoup plus que :
● 1 kg de pamplemousse = 400 calories
● ou 1 kg d'ananas = 500 calories
● ou 1 kg de bananes = 900 calories
C'est sûr, vous ne prendrez pas de poids en absorbant chaque jour seulement 500 calories. Vous risquez même d'en perdre : ce sont vos muscles qui fondent afin de pallier la carence en protéines que vous imposez à votre corps.

La soupe «miracle»

Mise au point aux Etats-Unis, cette soupe à base de chou, oignons, poivrons, tomates, céleri... aurait la vertu de faire mincir de manière spectaculaire... Effectivement, si la plupart de ces légumes sont reconnus pour leurs propriétés diurétiques et détoxifiantes, il ne faut pas oublier d'y associer, chaque jour, les protéines indispensables au maintien de la masse maigre du corps (muscles et organes). Sous peine de perdre tout son capital musculaire et de reprendre ensuite les kilos perdus sous forme de graisse.

Ses avantages

● **On mange plus lentement, car la mastication des aliments riches en fibres demande du temps.**
● **La sensation de satiété survient plus rapidement, et pour longtemps.**
● **Le régime est facile à suivre chez soi. Au restaurant, il s'agit de choisir des aliments riches en fibres (légumes, riz...).**
● **Ce programme est relativement bien équilibré.**

Ses inconvénients

A la longue, l'absorption quotidienne de grandes quantités de fibres alimentaires peut se révéler irritante. Certaines personnes aux intestins fragiles ne supportent d'ailleurs pas le régime. Des colites, diarrhées, ballonnements peuvent apparaître.

Le régime F comme fibres

C'est Audrey Eyton, grande spécialiste de la diététique et de l'amincissement, qui a mis au point le régime F comme fibres en Angleterre dans les années 80.

Ses grandes lignes

En augmentant la consommation de fibres alimentaires, matières non assimilables par l'organisme, on parvient à diminuer la sensation de faim et, comme on mange moins, on maigrit. De plus, une alimentation riche en fibres ralentit et diminue l'assimilation des lipides et des glucides par l'organisme. On trouve des fibres alimentaires dans la plupart des produits d'origine végétale (céréales, légumes, fruits...) mais pas dans l'huile ni la margarine !

Ses objectifs

Outre l'amincissement, le régime F comme fibres a d'autres avantages non négligeables. En effet, il a été récemment reconnu que la consommation régulière de fibres alimentaires :
● Favorise la prévention du cancer du côlon.
● Fait baisser le taux de mauvais cholestérol.
● Fait baisser le taux de diabète sanguin.
● Combat la constipation.
● Prévient la maladie hémorroïdaire.
● Prévient l'apparition de calculs biliaires.

Son mode d'action

Quand on consomme des fibres alimentaires, on est plus rapidement rassasié. Résultat : on s'arrête de manger plus tôt, et on absorbe donc moins de calories. Grâce aux fibres, des calories potentielles sont évacuées dans les selles sans même être utilisées. Le régime F comme fibres permet donc de maigrir en mangeant moins, mais sans éprouver la sensation de faim.

Le régime F comme fibres

Voici un exemple de journée menu à 1000 calories *, conseillé à une mère de famille qui prend tous ses repas chez elle et qui a l'habitude de grignoter.

Petit déjeuner :
La moitié du Fibres + (recette d'un muesli particulièrement riche en fibres) : voir encadré
Dans la matinée :
Yaourt
Déjeuner :
Salade de saumon
Pruneaux au thé
Goûter :
1/4 du Fibres +
0,100 l de lait écrémé
Dîner :
Potée de lapin
Camembert (30 g)
1 pêche
Dans la soirée :
1/4 du Fibres +

Autre exemple pour un adolescent, pour un sportif, pour un homme de grande taille :
Petit déjeuner :
La moitié du Fibres +
0,200 l de lait écrémé
Déjeuner :
Salade de chou-fleur cru
Poulet aux endives et au citron
Yaourt
Pain complet (30 g)
Goûter :
1/4 du Fibres +
0,100 l de lait écrémé
Dîner :
Raie aux poireaux
30 g de demi-sel
Poire
Pain complet (30 g)
Dans la soirée :
1/4 du Fibres +

Notre verdict

Ce régime est assez bien équilibré, mais déconseillé aux personnes aux intestins fragiles. Nous vous invitons à introduire progressivement les fibres alimentaires, et notamment le son de blé, dans votre alimentation afin d'éviter les désagréments tels que diarrhée, ballonnements.
La journée menu à 1000 calories est très restrictif. Certaines femmes peuvent tout à fait perdre du poids en suivant le programme à 1250, voire à 1500 calories.

Recette du Fibres +

- **son nature : 50 g**
- **son aromatisé : 75 g**
- **All Bran (Kellog's ®) : 100 g**

* *Le régime F comme fibres* d'Audrey Eyton, paru aux éditions Penguin Books sous le titre *F. plan diet* en 1982 - 1983 pour l'édition française aux éditions Générique - 1986 aux éditions Marabout.

Ses avantages

● **On peut dire que la méthode Gesta fait la part belle à la notion d'équilibre. Elle réapprend aux pauvres citadines stressées que nous sommes le plaisir de se nourrir et de prendre soin de son corps.**
● **Elle tient compte des apports journaliers nécessaires en vitamines et sels minéraux.**
● **Elle privilégie les aliments sains : légumes, fruits, miel... Elle n'interdit pas les aliments plaisir, comme le chocolat.**

Ses inconvénients

● **La phase d'élimination, qui dure 3 jours, et qui amorce la phase de désintoxication, n'est pas facile à mener à bien, puisqu'il faut, le deuxième jour, se reposer le plus possible.**
● **Le régime, durant les premiers jours, est très peu calorique, d'où le besoin de se reposer. Neuf femmes sur dix ne peuvent suivre ces recommandations à la lettre. Résultat : elles sont fatiguées, et la sensation de faim se fait sentir.**

* La méthode Gesta de Madeleine Gesta et Danièle Lederman, éditions Albin Michel, 1996.

Le programme Gesta

Mise au point par Madeleine Gesta, diététicienne ayant longtemps exercé auprès du professeur Trémolières, cette méthode propose un programme d'amincissement et de remise en forme.

Ses grandes lignes

Fondée sur la consommation d'une nourriture saine et naturelle, la méthode Gesta met en avant les notions d'équilibre et de plaisir. Elle propose :
● Trois vrais repas par jour.
● Une règle de répartition des nutriments selon la règle des 421 (4 parts de glucides, 2 parts de protides, 1 part de lipides).
● Boire 1,5 l d'eau par jour, par petites quantités, si possible avant midi.
● Choisir des aliments non industrialisés de préférence.
● Connaître et respecter les besoins de son corps.
● Faire retrouver un volume normal à l'estomac distendu par une alimentation déséquilibré et trop abondante.
Elle s'articule autour de 4 clés :
● Ne pas manger n'importe quoi.
● Ne pas manger n'importe comment.
● Ne pas manger avec n'importe qui.
● Ne pas manger n'importe où.

Le programme Gesta

Il s'articule en 2 phases : la cure de désintoxication et la période de stabilisation *.

La cure de désintoxication :
• 1er et 2e jours : phase d'élimination.
Premier jour : il est préférable de commencer la cure un samedi, surtout si vous travaillez toute la semaine. Avant même de vous lever, buvez 1/2 l d'eau.
Petit déjeuner :
• un bol de lait écrémé, avec une cuil. à café de cacao pur non sucré et une cuil. à café de miel.
• Quinze minutes avant le chocolat, ou plus tard dans la matinée, prenez une orange ou un pamplemousse.
Dans la matinée :
• 1 l d'eau avant midi.
Au déjeuner :
• 200 g de poisson maigre (lieu, merlan, colin...) cuit en papillote ou à la vapeur, ou 200 g de viande blanche, ou 150 g de viande rouge. 300 g de légumes cuits.
Deux heures après :
• 1 yaourt avec une cuil. à café de miel.
Vers 16 heures :
• un hydromel, c'est-à-dire un

citron pressé avec de l'eau et une cuillerée à café de miel.

Vers 19 heures :
Commencez à boire un bouillon de légumes préparé avec :
• 1,5 l d'eau
• 1 kg de poireaux
• 500 g de carottes
• 500 g de tomates
• quelques branches de céleri
• quelques brins de thym
Boire 3 bols de bouillon à 10 mn d'intervalle, puis manger 3 petits bols chinois de légumes cuits, à 20 mn d'intervalle.

Au coucher :
• un yaourt avec une cuil. à café de miel.

Deuxième jour :
Dès le réveil, boire par 1/4 de litre, durant les cinq premières heures de la journée, dans un ordre indifférent :
• 1,5 l d'eau plate
• 2 pamplemousses pressés
• 1 cacao
• 1/2 l de bouillon de légumes.

Dans l'après-midi :
• un yaourt au miel.
Une ou deux heures plus tard :
• un hydromel.

Au dîner :
• 200 g de poisson en papillote ou au four, et un bol de légumes du bouillon assaisonnés d'une vinaigrette, sans sel.

Au coucher :
• un yaourt au miel.

Troisième jour :
Petit déjeuner :
• 1/2 l d'eau au réveil
• 1 pamplemousse pressé, quinze minutes avant le cacao au miel ou plus tard dans la matinée.

Dans la matinée :
• 1 l d'eau, de préférence réparti, mais pas plus de 1/2 l à la fois.

Déjeuner :
• un repas lacté, c'est-à-dire 250 g de fromage blanc maigre mélangé à un yaourt entier avec du miel.

A 15 heures :

• une compote ou un fruit sec renouvelé toutes les heures.
Entre 17 et 19 heures :
• un hydromel.
Au dîner :
• 200 g de viande blanche ou de poisson
• 300 g de légumes cuits et 2 cuil. à soupe d'huile.
Au coucher :
• un yaourt au miel.

Du 4ᵉ au 8ᵉ jour :
• Alterner un repas lacté et un repas «social», à base de protéines, de viande blanche et de poisson avec 300 g de légumes cuits et 2 cuil. à soupe d'huile d'olive.
• En dessert, 1 fruit en compote ou un yaourt entier.

8ᵉ et 9ᵉ jour : deuxième week-end d'élimination, semblable au premier.
Dixième jour : comme le 3ᵉ jour.

La phase de stabilisation :
A garder tous les jours, à vie :
• 1,5 l d'eau/jour
• 1 pamplemousse ou une orange
• 1 hydromel
• 1 cacao au lait et au miel
• 300 g de légumes cuits ou de fruits crus
• 1 repas lacté ou 2 yaourts ou 1/4 de l de lait.
A consommer en famille, entre amis ou au restaurant :
• Produits de la mer
• Viande : 200 g par jour
• Œufs : 4 par semaine
• Fromage : 125 g par jour, en repas unique avec des légumes
• Féculents : riz, couscous, lentilles, taboulé : 1 bol par jour ou 1 plat de pâtes en plat unique avec légumes ou 2 pommes de terre ou 60 g de pain grillé complet
• Crudités : 300 g par jour.
Les jours de fête :
• 125 g de chocolat par semaine
• 75 cl de vin par semaine
• 10 g de beurre cru par jour ou 1 cuil. à soupe de crème fraîche.

LES RÉGIMES STARS

Ses objectifs
Perdre du poids harmonieusement, sans perdre son dynamisme ni être sujet à des carences, réapprendre le plaisir de manger, et surtout ne pas reprendre les kilos perdus car on ne commet plus les mêmes aberrations alimentaires.

Son mode d'action
Il s'agit d'un régime hypocalorique, faisant la part belle aux aliments naturels. Tous les aliments issus de l'industrie sont écartés (sauf cas exceptionnel). Le respect de la règle des 421 est indispensable. On perd ainsi du poids et on modifie également ses habitudes alimentaires.

Recette de l'hydromel sans alcool :
● **1/4 l d'eau**
● **1 citron pressé**
● **1 cuillerée à café de miel**

Notre verdict
Un programme basé sur la «désintoxication», qui a l'avantage de réhabiliter une alimentation saine et équilibrée et de tenter une réconciliation entre le corps et l'esprit. Les trois premiers jours du programme peuvent toutefois sembler difficiles à certaines. Passé ce cap, le programme devient plus aisé à suivre.

Ses avantages

● Le régime Montignac ne coupe pas de la vie sociale : on peut continuer à manger avec des amis ou au restaurant, avec quelques contraintes certes, mais qui ne sont pas forcément remarquées par les autres convives !

● Il est riche en fibres alimentaires.

● Il est riche en protéines.

● On peut continuer à consommer des plats en sauce, nourriture figurant souvent au menu des repas d'affaires. On mange à volonté les aliments autorisés.

Ses inconvénients

● Il est trop riche en graisses, notamment en graisses saturées, ce qui peut provoquer des risques de maladies cardio-vasculaires, d'autant plus que ce régime est un régime «à vie».

● Il ne contient pas assez de glucides : la quasi-exclusion du pain, l'exclusion des pâtes, du riz blanc et des pommes de terre entraînent un affaiblissement musculaire. Il est désormais reconnu qu'on peut maigrir et maintenir son poids tout en continuant à consommer des glucides.

● La dissociation des aliments est injustifiée : on pourrait fort bien consommer conjointement des lipides et des glucides ou les fruits à la fin des repas sans pour cela prendre du poids.

Le régime Montignac

On ne présente plus Michel Montignac, qui se définit lui-même comme un «ex-gros». Il a mis au point un programme pour maigrir et rester mince tout en continuant à mener une vie sociale.

Ses grandes lignes

Le régime Montignac est avant tout hypocalorique. Il se situe à mi-chemin entre le régime Atkins et le régime dissocié.

Il interdit la consommation conjointe de lipides et de glucides, que ce soit au sein du même aliment, ou dans deux aliments différents consommés au même repas.

Il déconseille la consommation de glucides, sauf s'ils sont riches en fibres alimentaires.

Les fruits sont consommés loin des repas.

Ses objectifs

Perte de poids garantie dans la mesure où la méthode est bien suivie ! Comme Michel Montignac, vous pourrez perdre du poids tout en faisant quotidiennement des repas d'affaires.

Son mode d'action

Tout régime hypocalorique bien mené entraîne une perte de poids. Le régime Montignac n'échappe pas à cette règle.

Le père de ce régime affirme que la consommation des glucides du pain et des pommes de terre gêne l'amincissement. Quant au sucre, il est considéré comme un poison.

Selon lui, les lipides consommés seuls ne font pas grossir. Ce serait leur association avec les glucides qui serait dramatique pour la ligne.

Il avance également que les mauvaises combinaisons alimentaires sont néfastes pour la santé.

Comme pour tous les régimes excluant une catégorie d'aliments (ici, le sucre, les pommes de terre, les pâtes et les céréales raffinées), on a tendance à se détourner du contenu de son assiette. Résultat : on mange moins, donc on maigrit. De plus, il est reconnu que les fibres alimentaires, consommées en grande quantité, ont un effet satiétogène.

Le programme Montignac

Il s'articule en deux phases :
● La phase 1 dure jusqu'à ce que l'on ait atteint le poids que l'on s'était fixé.
● La phase 2 représente la période de stabilisation. Cette période doit en fait durer... toute la vie si l'on ne souhaite pas reprendre le poids perdu.

Exemple de menu en phase 1 * :

Petit déjeuner n° 1
● Fruit (à prendre au moins 20 mn avant le reste)
● Céréales complètes
● Pain complet ou intégral
● Fromage blanc à 0 % de matière grasse
● Café décaféiné ou thé léger
● Lait écrémé
● Edulcorant de synthèse (au besoin).

Petit déjeuner n° 2
● Œufs
● Bacon, saucisses et/ou jambon
● Fromage
● Café décaféiné, café léger ou thé léger
● Crème ou lait (de préférence crème)
● Edulcorant de synthèse (au besoin)

Déjeuner
● Crudités
● Poisson et/ou viande
● Légumes autorisés (pas de pommes de terre ni de carottes, mais plutôt des légumes verts, du céleri, des choux, des champignons...)
● Salade
● Fromage
● Boisson : eau non gazeuse

Dîner n° 1
● Soupe de légumes (autorisés) épaisse agrémentée d'une noix de beurre ou d'une petite cuillerée de crème fraîche
● Poisson ou viande ou œufs
● Fromage ou yaourt nature

Dîner n° 2
● Soupe de légumes autorisés
● Céréale complète avec une sauce tomate
● Salade
● Fromage blanc à 0 %

Exemple de menu en phase 2* :

Petit déjeuner
● Fruit
● Pain complet
● Margarine allégée
● Café décaféiné
● Lait écrémé

Déjeuner
● Avocat vinaigrette
● Steak, haricots verts
● Crème caramel
● 2 verres de vin

Dîner
● Soupe de légumes
● Omelette champignons
● Salade verte
● Fromage blanc à 0%

Le régime Montignac autorise la consommation de fromage.

Notre verdict

Ce régime est idéal pour les cadres pressés. Mais il est trop riche en lipides (voir petit déjeuner n° 2) et pauvre en glucides, ce qui peut entraîner, à la longue, fatigue, carences et maladies cardio-vasculaires, ce qui n'est évidemment pas le but recherché.

Dans ce sens, on peut dire qu'il ne rectifie pas les mauvaises habitudes alimentaires si fréquentes dans notre civilisation occidentale.

* Je mange donc je maigris de Michel Montignac, Editions Artulen.

Ses objectifs

Moins 8 kg en 14 jours sans jamais les reprendre...

Son mode d'action

Il s'agit avant tout d'un régime hypocalorique (800 à 1000 calories par jour). Selon l'auteur, l'amaigrissement est facilité par l'habile combinaison des aliments. La production de corps cétoniques jouerait également un rôle dans le phénomène de perte de poids.

Ses avantages

● **Pas d'état d'âme ni de risque d'erreur : tout est fixé d'avance, il suffit de suivre le programme.**
● **Le régime est organisé sur une période courte : le risque de se lasser ou de «craquer» est donc moindre.**

Ses inconvénients

● **Apport calorique faible.**
● **Pas de choix possible.**
● **Trop peu d'acides gras essentiels.**
● **Trop peu de calcium.**
● **Un apport protéique pas toujours suffisant.**
● **Consommation excessive de thé ou de café** (notamment après le dîner).
● **Une perte de poids généralement inférieure à ses promesses.**

Le régime Scarsdale

Elaboré par le docteur Herman Tarnower, un cardiologue américain, le programme Scarsdale a vu le jour vers la fin des années 70.

Ses grandes lignes

Le programme Scarsdale est un régime «clés en main», organisé en deux semaines de menus hypocaloriques. Rien n'est laissé au hasard : chaque repas est calibré d'avance. On ne doit rien ajouter ni retrancher pour obtenir l'amincissement désiré.

Son programme *

Phase d'attaque :
Petit déjeuner, valable pour tous les matins tout au long de la cure :
● 1/2 pamplemousse (ou fruits de saison)
● 1 tranche de pain protéiné, grillée, sans garniture
● Café ou thé sans sucre, crème ou lait

1ᵉ semaine :
Lundi :
Déjeuner :
● Viandes froides variées au choix (viandes maigres : poulet, dinde, langue, bœuf maigre...)
● Tomates tranchées, grillées à la casserole
● Café ou thé, ou soda diététique
Dîner :
● Poisson ou fruits de mer
● Salade combinée, autant de verdure ou de légumes que le cœur vous en dit
● 1 tranche de pain protéiné, grillée
● Pamplemousse (ou fruit de saison)
● Café ou thé

Mardi :
Déjeuner :
● Salade de fruits combinés
● Café ou thé
Dîner :
● Bifteck haché, grillé (en abondance)
● Tomates, laitue, céleri, olives, choux de Bruxelles ou concombre
● Café ou thé
Mercredi :
Déjeuner :
● Salade de thon ou de saumon (retirez-en l'huile), avec un assaisonnement au vinaigre ou au citron
● Pamplemousse ou melon, ou un fruit de saison
● Café ou thé
Dîner :
● Tranche de rôti d'agneau (après en avoir ôté toute trace visible de graisse)
● Salade de laitue, tomates, concombre, céleri
● Café ou thé
Jeudi :
Déjeuner :
● Deux œufs, cuits comme vous le désirez, mais sans aucune matière grasse

● Fromage blanc frais
● Zucchini ou haricots verts fins, ou tomates tranchées, en casserole
● 1 tranche de pain protéiné, grillée
● Café ou thé
Dîner :
● Poulet grillé, rôti ou à la broche, à profusion (avant de manger, enlever toute trace de peau ou de gras)
● Epinards à profusion, poivrons verts, haricots verts fins
● Café ou thé
Vendredi :
Déjeuner :
● Tranches de fromage
● Epinards, à profusion
● 1 tranche de pain protéiné, grillée
● Café ou thé
Dîner :
● Poisson ou fruits de mer
● Salade combinée, à volonté, avec autant de légumes frais de votre choix que vous le désirez, y compris, si vous aimez cette combinaison, des légumes cuits, refroidis et taillés en cubes
● 1 tranche de pain protéiné, grillée
● Café ou thé
Samedi :
Déjeuner :
● Salade de fruits à volonté
● Café ou thé
Dîner :
● Dinde ou poulet rôti
● Salade de laitue et de tomates
● Pamplemousse ou fruit de saison
● Café ou thé
Dimanche :
Déjeuner :
● Dinde ou poulet, froid ou chaud

● Tomates, carottes, choux cuisinés, brocoli ou chou-fleur
● Pamplemousse ou fruit de saison
● Café ou thé
Dîner :
● Bifteck grillé, à profusion ; enlever toute trace de gras avant de manger
● Salade de laitue, concombre, céleri, tomates
● Choux de Bruxelles
● Café ou thé

2ᵉ semaine :
Reprendre les menus de la 1ᵉ semaine dans leur intégralité.

Phase de stabilisation :
● Pas plus de deux tranches de pain par jour
● Pas de sucre
● Pas de pommes de terre, de pâtes ou d'aliments à base de semoule
● Pas de produits laitiers, riches en matières grasses
● Pas de friandises ni de desserts (exceptés ceux à la gélatine, sans sucre et les fruits)
● Consommation d'alcool réduite
● Pas de matière grasse.
● Pas de charcuterie

LES RÉGIMES
STARS

Notre verdict
Régime carencé mais pas dangereux puisqu'il est organisé sur une courte période. Efficace (puisqu'il est hypocalorique), il peut dépanner avec quelques aménagements, comme permuter les déjeuners du mardi et du samedi (salade de fruits) par un repas riche en protéines : 200 g de poisson ou de viande maigre, une portion de légumes verts. Il faut également consommer des acides gras essentiels, en ajoutant par exemple à sa salade une cuillerée à soupe d'huile d'olive ou de tournesol. Sans crainte de voir son régime capoter !

* Scarsdale, régime médical infaillible, (éditions internationales Alain Stanké Ltée en 1979 ; Editions Marabout pour la France) paru aux Editions Bantam Books Inc. en 1978 sous le titre The complete Scarsdale medical diet.

Ses objectifs

Perte de poids assurée, et diminution du taux de lipides sanguins, d'où moins de risques de développer une maladie cardiovasculaire.
La pratique d'une activité physique est recommandée, car elle permet de se sentir mieux dans sa peau, plus musclée et plus tonique.

Ses avantages

● **Comme nous l'avons vu, ce régime permet d'éviter la consommation excessive de graisses saturées, responsables de provoquer des maladies cardio-vasculaires.**
● **Les aliments naturels sont privilégiés par rapport aux aliments tout préparés : plats cuisinés, surgelés, souvent riches en lipides et additifs et pauvres en vitamines et sels minéraux.**
● **On apprend à composer soi-même ses menus. Le candidat au régime tient compte de ses goûts et fait jouer son libre arbitre : il est responsabilisé.**
● **Peu de limitation dans les portions : il suffit de restreindre, voire d'éradiquer les lipides.**

Le régime Susan Powter

Auteur de deux best-sellers : «Régimes : arrêtons les inepties !» et «La forme en mangeant», Susan Powter est une «ex-grosse» qui a mis au point sa propre méthode afin de perdre du poids et de rester mince tout en se nourrissant sainement.

Ses grandes lignes

Le régime de Susan Powter est volontairement pauvre en lipides, notamment en lipides saturés, considérés comme les responsables n° 1 des maladies cardio-vasculaires. Il se situe par là même aux antipodes du régime Atkins, et bien loin du régime Montignac, tous deux riches en graisses.
Il faut dire que Susan Powter est américaine, et bien consciente que ses compatriotes consomment beaucoup trop de lipides saturés. Dans son programme, il s'agit de faire la chasse aux matières grasses. Les viandes, poissons gras, fromages sont donc à consommer de manière très modérée. Parallèlement, on consomme beaucoup de sucres à index glycémique bas et de fibres : céréales complètes, légumineuses, légumes verts... L'activité physique est au programme pour accélérer la fonte du tissu adipeux et l'augmentation de la masse maigre.

Son mode d'action

Le régime Susan Powter est avant tout un régime hypocalorique. En effet, lorsqu'on sait qu'un gramme de lipides apporte neuf calories, il n'est pas nécessaire d'être diététicienne pour conclure qu'en réduisant au minimum sa ration quotidienne de graisses, on avale nettement moins de calories. La consommation de fibres alimentaires permet de mieux supporter la sensation de faim et d'éliminer des calories potentielles dans les selles. De plus l'apport en glucides, très important dans le régime Susan Powter, permet d'éviter la fatigue musculaire.

Le régime Susan Powter

Il consiste à avoir une alimentation dont la teneur en lipides n'excède pas les 20 % de matières grasses. Mais Susan Powter déclare qu'on peut descendre à 15, voire 10 % d'apport lipidique !

Exemple de journée à 20 % de matières grasses*

Petit déjeuner :
● Omelette de blancs d'œufs aux poivrons
● Muffin + 1 cuillerée à café de confiture de fraises
● Café

Dans la matinée :
● 1 pomme

Déjeuner :
● Sandwich au thon (thon au naturel + mayonnaise + pain complet)
● Pickles à l'aneth
● 30 g de chips de maïs allégées

Goûter :
● Glace «frozen yogurt» à la vanille

Dîner :
● Brochettes de crevettes (crevettes, poivrons, oignons, sauce barbecue)
● Epi de maïs grillé
● Gâteau au chocolat des anges (voir recette dans l'encadré)
● 1/2 tasse de fraises

Pour abaisser sa ration lipidique à 15 %, elle conseille de remplacer la mayonnaise du sandwich du midi par un mélange de curry et de mayonnaise allégée.

* Programme extrait de l'ouvrage de Susan Powter paru aux Etats-Unis aux Editions Simon et Schuster *La forme en mangeant* et aux Editions Michel Lafon pour l'édition française.
Du même auteur : *Régimes, arrêtons les inepties*, paru en France aux éditions Michel Lafon.

Gâteau au chocolat des anges

Pour 12 portions :
● 160 g de farine
● 50 g de cacao
● 280 g de sucre
● 3 œufs + 6 gros blancs d'œufs
● 1/2 cuil. à c. de bicarbonate de soude
● 1 cuil. à c. d'extrait de vanille
● 1/2 cuil. à c. d'extrait d'amande

Préchauffer le four à 190° C. Dans un premier bol, mélanger la farine, le cacao et 60 g de sucre. Réserver.

Battre les blancs d'œufs en neige. Dès qu'ils prennent, ajouter le bicarbonate et continuer à les battre jusqu'à ce qu'ils soient bien fermes. Réserver.
Battre les œufs entiers avec le reste du sucre, ajouter l'extrait de vanille et d'amande. Incorporer délicatement cette mixture aux blancs d'œufs en neige. Toujours délicatement, incorporer le mélange farine, cacao et sucre aux œufs.
Verser dans un moule à charlotte de 25 cm et faire cuire 45 à 50 mn. Laisser refroidir à l'envers.

Ses inconvénients

● Ce programme ne propose pas assez de poissons, dont on connaît désormais l'importance dans la prévention des maladies cardio-vasculaires. En effet, les poissons sont riches en «bonnes graisses» (mais oui, cela existe...).
● Risque de carences en acides gras essentiels : l'huile d'olive et de tournesol contiennent ces acides gras que le corps ne peut synthétiser. Il faut donc en consommer un peu chaque jour.
● Risque de carence en fer.
● Risque de carence en acides aminés essentiels en raison de la faible proportion accordée aux protéines animales. Il faut alors jongler avec les combinaisons légumineuses + céréales complètes pour avoir sa ration quotidienne de lysine et de méthionine.

Notre verdict

Même si Susan Powter a raison en affirmant que notre alimentation est beaucoup trop riche en lipides, elle a tendance à en réduire exagérément la consommation. Pour que son régime soit parfait, il convient de consommer davantage de poissons (même gras...) et de viandes maigres, pour les (bons) lipides, les protéines et le fer.

Leurs points forts

● **On consomme peu de graisses saturées dans le cadre du régime végétarien équilibré et pas du tout dans le cadre du régime végétalien.**

● **Le végétarien privilégie une nourriture de qualité, riche en certaines vitamines et en sels minéraux et pauvre en additifs : céréales complètes, fruits et légumes issus de l'agriculture biologique, mais pas d'aliments industrialisés.**

Leurs points faibles

Risque de carences nombreuses pour les végétariens et les végétaliens amateurs :

● **Risque de carence en lysine et méthionine : il faut associer à chaque repas une céréale et une légumineuse pour avoir un apport suffisant en acides aminés essentiels (c'est-à-dire que le corps ne peut fabriquer lui-même).**

● **Risque de carence en fer. Pensez à consommer suffisamment de légumes secs et de légumes verts à feuilles.**

● **Risque de carence en calcium, notamment pour le régime végétalien. Il faudra veiller à consommer suffisamment de légumes secs et verts qui en sont riches.**

● **Risque de carence en iode si vous ne consommez pas suffisamment de légumes verts. On trouve également de l'iode dans le sel et dans les algues.**

Les régimes végétariens et végétaliens

Avec la crise de la vache folle et les affaires de produits animaux contaminés, nous sommes de plus en plus nombreuses à virer végétariennes. Mieux vaut connaître sur le bout des doigts les règles de diététique afin de ne pas courir le risque de s'exposer à des carences.

Leurs principes

● Régime végétarien : alimentation d'où sont exclus toutes les viandes et tous les poissons.

● Régime végétalien : alimentation d'où sont exclus tous les produits d'origine animale (c'est-à-dire également produits laitiers, œufs...).

On adopte cette manière de s'alimenter pour des raisons morales, plus rarement pour perdre du poids.

Sont également déconseillés :

● Les produits industrialisés ou raffinés : fruits et légumes issus de l'agriculture traditionnelle, céréales blanches, pain blanc.

● Plats déjà préparés, conserves, surgelés.

● Sucre blanc (à remplacer par du sucre de canne roux non raffiné ou du miel).

● Légumes et fruits déshydratés.

● Boissons sucrées (sodas), café.

● Alcool, tabac.

Leur mode d'action

L'alimentation végétarienne ou végétalienne étant moins variée que ses homologues carnés, on mange moins car la nourriture est plus monotone, donc on perd du poids.

On mange également moins de lipides (9 calories le gramme) et plus de glucides (4 calories le gramme) : l'apport calorique global est donc inférieur.

La grande quantité de fibres alimentaires contenues dans les aliments de base des régimes végétariens et végétaliens (légumes, fruits, céréales complètes) a un effet satiétogène. De plus, comme nous l'avons déjà dit, une petite partie des lipides est évacuée dans les selles sans être assimilée.

Le régime

Alimentation à base de :

- Céréales complètes issues de l'agriculture biologique.
- Légumineuses.
- Soja et ses dérivés comme le tofu.
- Légumes et fruits issus de l'agriculture biologique, de préférence lavés et brossés avant consommation mais non pelés, crus ou cuits à la vapeur de préférence.

Auxquels on peut ajouter, dans le cadre d'un régime végétarien :

- Œufs, laitages, fromages.
- Miel, plantes, aromates.
- Huiles végétales, de première pression à froid.
- Sel marin non raffiné.

Les légumes frais, issus de l'agriculture biologique, sont recommandés dans le cadre d'un programme végétarien ou végétalien.

Leurs promesses

En adoptant une alimentation d'où sont exclus les aliments d'origine animale, on est sûre de ne pas consommer trop de graisses saturées... à moins de faire des orgies de beurre, de saindoux, de lait entier et de fromages, ce peut arriver pour compenser plus ou moins consciemment un déficit en viandes.

Mais le principal objectif du régime végétarien (ou végétalien) est de ne pas consommer d'aliment ayant nécessité la mort d'un animal.

Notre verdict

Le régime végétarien (et à fortiori végétalien) n'est pas fait pour perdre du poids, mais pour les personnes qui ont de bonnes raisons de supprimer toute nourriture carnée de leur alimentation.

S'il s'agit de vouloir uniquement perdre du poids, nous vous conseillons plutôt de suivre un régime classique, riche en protéines animales, afin d'éviter tout risque de carence que seul le végétarien ou le végétalien averti peut éviter.

Ses avantages

● Le régime Weight Watchers est certainement l'un des programmes les mieux équilibrés. C'est pourquoi il est reconnu et conseillé par de nombreux médecins à leurs patientes désirant perdre du poids.

● La dynamique de groupe potentialise les effets du régime. On n'a pas du tout envie de craquer. Il s'agit autant d'un défi, vis-à-vis des autres et de soi-même, que d'une épreuve collective dont toutes les participantes, ensemble, souhaitent sortir victorieuses.

● Lors des réunions, des informations diététiques sont communiquées, pour éviter aux participantes de faire ou de répéter les mêmes erreurs.

Ses inconvénients

● Il s'agit d'un service payant. Mais combien de centaines de francs avons-nous déjà englouties dans des gélules de poudre de perlimpinpin ou de gants de massage anticellulite miracles ?

● Il faut s'exposer au regard des autres, physiquement comme psychologiquement, ce qui est impossible pour certaines. Pour remédier à cela, les Weight Watchers ont désormais mis au point un programme par correspondance.

● Les réunions regroupent généralement un grand nombre de participantes : l'entrevue est donc moins personnalisée.

Le régime Weight Watchers

Cette méthode nous vient des Etats-Unis, où elle est apparue dans les années 60. Plus qu'un régime, le programme Weight Watchers est une manière de voir et de vivre différemment l'amincissement.

Ses grandes lignes

Il s'agit de suivre un régime hypocalorique équilibré, couplé à une dynamique de groupe. On ne maigrit donc pas seule, mais accompagnée d'animatrices, ex-grosses (et qui savent donc de quoi elles parlent) ainsi que d'autres «candidates à l'amincissement» que l'on rencontre lors des réunions. Ici pas d'interdits, mais de tout un peu en quantité raisonnable.

Ses objectifs

Ils sont sages : maigrir tout en mangeant mieux et en bougeant plus, et se maintenir à ce nouveau poids.

Son mode d'action

En rééquilibrant son alimentation et en pratiquant une activité sportive (même minime : 10 mn de marche à pied par jour par exemple), on perd de la masse grasse et on gagne de la masse maigre.

Le régime Weight Watchers

Les réunions se tiennent en ville, généralement dans une salle Weight Watchers ou louée par eux. Elles durent environ 45 mn et ont lieu une fois par semaine. Après inscription et pesée discrète, les candidat(e)s à la minceur rejoignent la salle de réunion où ils/elles pourront débattre librement sur le thème du jour, sous l'égide d'une animatrice qui leur dispensera conseils... et surtout saura les écouter.

La pesée est hebdomadaire, ce qui permet à chaque candidat(e) mais aussi à l'équipe de suivre l'évolution de la courbe de poids. Parallèlement un document appelé «plan de menus» est distribué chaque semaine aux adhérent(e)s qui devront y inscrire au fur et à mesure, au cours de la semaine suivante, c'est-à-dire avant la prochaine réunion, quels sont les aliments consommés. Il sert de point de repère aux adhérent(e)s ainsi qu'à l'animatrice qui peut le consulter si on rencontre un problème dans son amincissement. Elle peut ainsi déterminer quel élément entrave la perte de poids (consommation excessive de lipides, hydratation insuffisante...).

Comme nous l'avons vu, tous les aliments sont autorisés... en plus ou moins grande quantité. La pyramide alimentaire proposée par les Weight Watchers est aussi équilibrée que celle du Dr Fricker (voir chapitre 3).

La journée Weight Watchers* :

Petit déjeuner :
- Œuf à la coque (pour les protéines)
- 1/8 de baguette ou une tranche de pain complet avec de la margarine (pour les sucres lents et les matières grasses)
- Fruit (pour les vitamines et les fibres)
- Thé ou café

Repas principal (de préférence le midi en raison de sa richesse en protéines et matières grasses, mais rien ne s'oppose à ce que vous le permutiez avec le repas du soir) :
- Crudités (betteraves, tomates, carottes râpées, concombre, asperges...) assaisonnées avec 2 cuillerées à café de vinaigrette
- Viande (volaille, rosbif, rôti de veau, gigot...)
- Légumes cuits (haricots verts, petits pois, flageolets, pâtes aux tomates, pommes de terre à l'eau, ratatouille...) et/ou féculents (pommes de terre, riz, pâtes...)
- Dessert (fruit frais, yaourt allégé...)
- 1 verre de bon vin (facultatif)
- 1/8 de baguette
- Eau

Collation (à prendre dans la matinée ou dans l'après-midi) :
- Biscotte avec un morceau de fromage, ou un fruit
- Thé

Dîner (pouvant être permuté avec le déjeuner) :
- 1 potage sans pommes de terre
- Poisson (cabillaud, merlan...)
- Ou 1 tranche de jambon
- Ou 2 œufs
- Ou 1 petite portion de viande
- 1 petite portion de féculents ou de pain
- 1 yaourt
- 1 fruit
- Eau

Les 10 principes du régime pour maigrir vite et bien

- **Bouger le plus possible et boire 8 verres d'eau par jour.**
- **Consommer des légumes, riches en fibres.**
- **Faire un solide petit déjeuner.**
- **Varier les céréales.**
- **Remplacer le sucre par de l'aspartame.**
- **Utiliser des matières grasses allégées.**
- **Choisir des fruits de taille raisonnable.**
- **Les conserves doivent être choisies «au naturel».**
- **Respecter les quantités alimentaires.**
- **Choisir des portions de volume raisonnable.**

Notre verdict

Ce régime équilibré peut être suivi par tous et par toutes. Les bonnes habitudes alimentaires retrouvées pendant la période d'amincissement pourront être conservées à vie. Attention toutefois aux personnes présentant une hypercholestérolémie : elles remplaceront les œufs par tout aliment riche en protéines : jambon maigre, fromage blanc maigre...

* Programme extrait de l'ouvrage *Maigrir une bonne fois pour toutes avec les Weight Watchers*, de Maryvonne Apiou, avec la collaboration du Dr Francine Duret-Gossart, préfacé par le professeur Apfelbaum, paru aux éditions Robert Laffont en 1995.

Ses avantages

● **On perd du poids rapidement. Mieux, cette fonte correspond à une disparition de la masse grasse contrairement à d'autres régimes, trop pauvres en protéines, où la perte de poids se répartit entre la masse grasse et la masse maigre, avec hélas une fonte plus importante pour cette dernière.**

● **Elle est parfaite pour les personnes qui doivent perdre du poids rapidement, par exemple les grands obèses avant une intervention chirurgicale. En effet, les risques de complications opératoires sont accrus pour les sujets obèses.**

● **Peu ou pas de préparation culinaire, donc séjour dans la cuisine écourté, d'où risque de «craquer» moins important.**

Pour préserver la masse maigre

La diète protéique a cet avantage qu'elle fait perdre de la graisse, pas du muscle. Les organes vitaux sont préservés. La difficulté réside dans le maintien des résultats, après le régime. Une période de stabilisation, assortie d'une réintroduction progressive et prudente des aliments écartés, est à privilégier.

La diète protéique

Ce régime est un peu à part puisqu'il doit être obligatoirement effectué après avis médical. Il est apparu aux Etats-Unis vers la fin des années 20, mais s'est réellement fait connaître du grand public vers le milieu des années 60.

Ses grandes lignes

Il s'agit de substituer à l'alimentation traditionnelle une nourriture riche en protéines, voire exclusivement à base de protéines, sous contrôle médical.

Ce programme généralement réservé aux obèses est précédé d'un régime hypocalorique pour amorcer la perte de poids et habituer l'organisme aux restrictions énergétiques.

L'alimentation peut être constituée de produits de consommation classiques sélectionnés pour leur richesse en protéines : fromage blanc à 0 % de matières grasses, viande de volaille dégraissée, blanc d'œuf... ou de préparations de synthèse comme les substituts de repas.

Il faut absolument veiller à respecter les besoins journaliers du corps en vitamines, sels minéraux, oligo-éléments, acides aminés essentiels, acides gras essentiels... et protéines, pour que l'organisme n'ait pas à puiser dans la masse maigre, ce qui aurait pour résultat d'atrophier les muscles et de faire fondre dangereusement les organes.

Certaines préparations protéiques carencées en acides aminés essentiels (rappelons que le corps ne peut les fabriquer lui-même ; ils doivent donc être apportés par l'alimentation) ont été autrefois responsables de troubles graves, voire coupables de provoquer indirectement la mort par arrêt cardiaque.

Aujourd'hui, les préparations protéiques sont tout à fait équilibrées. Leurs seules carences peuvent se situer au niveau de l'apport en vitamines et en sels minéraux. Dans ce cas, le médecin prescrit des compléments.

L'apport protidique quotidien doit être d'un gramme par kilo de masse corporelle.

Le substitut de repas permet
de perdre du poids tout en préservant
la masse musculaire.

Ses objectifs

Perte rapide du tissu adipeux tout en préservant la masse maigre et sans risquer l'arrêt cardiaque.

Généralement, le poids perdu correspond pour 75 à 80 % à une perte en masse grasse et pour 20 à 25 % à une perte en eau, en sel et en masse maigre, notamment musculaire. Or, on sait que plus on est gros, plus la masse musculaire est importante puisque le corps est plus lourd à bouger.

Son mode d'action

L'apport en lipides et en glucides étant quasiment nul, le corps doit puiser son énergie dans ses réserves adipeuses.

La durée de la diète protidique ne doit pas excéder quatre semaines. Mais dans tous les cas, ce sera au médecin de définir le cadre de votre régime.

La diète protéique

Il s'agit d'adopter une alimentation très peu calorique tout en étant très riche en protéines, et pauvre en lipides et en glucides.

Matin, midi, goûter, et soir :
● 1 substitut de repas à choisir pour sa richesse en protéines, en vitamines et en sels minéraux.
● Eau à volonté.

Ses inconvénients

● Ce régime est très restrictif et monotone, donc difficile à mener à terme sans craquer. Il faut être très motivé. Heureusement, la sensation de faim disparaît généralement au bout de deux jours.

● Il est impossible à suivre tout en continuant à mener une vie sociale, à moins de se déplacer avec son panier-repas (ce qui, somme toute, n'est pas impossible).

● Comme dans tout programme alimentaire à visée amaigrissante, la diète protidique devra être suivie d'une période de stabilisation. Or, cette manière de s'alimenter n'enseigne pas les règles du bon équilibre nutritionnel à appliquer ensuite, à vie.

Notre verdict

Recommandé aux obèses, ce régime ne doit pas être repris et aménagé à votre façon sans avis médical pour perdre 3 kg avant la plage. Si votre médecin vous donne son feu vert, pourquoi pas si vous vous conformez à ses prescriptions ? En revanche, vous devrez faire preuve d'une volonté à toute épreuve.

L'huile d'olive

Pour bénéficier de toutes les qualités qu'on lui accorde, l'huile d'olive doit répondre à des critères rigoureux. Attention à bien interpréter les étiquettes !

● **L'huile d'olive vierge extra bio, fabriquée à partir d'olives issues de l'agriculture biologique : les fruits sont lavés puis écrasés à la meule de pierre. Ils sont maintenus durant cette opération à une température oscillant entre 16 et 28° C.**

● **L'huile d'olive vierge extra : même procédé de fabrication. La différence réside dans le mode de culture des fruits.
Notation organoleptique égale ou supérieure à 6,5/10.
Quantité d'acide oléique, exprimée en acidité libre inférieure à 1%.**

● **L'huile d'olive vierge : notation organoleptique égale ou supérieure à 5,5/10. Acidité libre inférieure ou égale à 2 %.**

● **Huile d'olive pure : elle est élaborée à partir d'huile d'olive vierge mêlée à de l'huile d'olive raffinée. Ses qualités nutritionnelles sont médiocres.**

● **L'huile de grignons : elle est fabriquée avec les restes de la première pression à froid. Sa saveur et ses propriétés protectrices sont très altérées.**

Le régime méditerranéen

Les populations méditerranéennes présentent un faible taux de mortalité par maladies cardio-vasculaires. D'où l'idée, pour les scientifiques, de transposer les habitudes alimentaires de ces populations dans nos pays victimes de la «mal-bouffe». En respectant la répartition conseillée des nutriments (protéines /glucides/lipides) et en limitant l'apport calorique global, voici un régime qui allie santé et minceur.

Ses grandes lignes

Dans les années 60, un scientifique américain du nom d'Ancel Keys fit une étude comparative des habitudes alimentaires de sept pays de trois continents (Finlande, Etats-Unis, Hollande, Italie, Yougoslavie, Grèce et Japon). Il en arriva à la conclusion que la Grèce, en particulier la Crète, présentait le taux de mortalité coronarienne et toutes causes confondues le moins élevé du monde. A la fin des années 80, et sur une durée de cinq ans, un chercheur français du nom de Serge Renaud transposa les habitudes alimentaires des Crétois en France, précisément à Lyon. Il arriva à la conclusion que c'était plus le mode d'alimentation que le mode de vie (vie au grand air, pas de stress...) qui était responsable de cette longévité. Le régime méditerranéen fut donc prescrit à des patients ayant déjà fait un accident cardio-vasculaire, pour prévenir les risques de récidive. Depuis quelques années, ce régime se démocratise : en effet, on a remarqué qu'il apportait à la fois longévité, santé et minceur.

Ses objectifs

● Prévention des maladies cardio-vasculaires.
● Meilleure résistance aux maladies.
● Maintien du poids.

Son mode d'action

L'huile d'olive constitue l'un des piliers de la diète méditerranéenne. Sa richesse en acides gras mono-insaturés en fait un aliment particulièrement recommandable : on sait aujourd'hui que cette substance fait baisser le taux de mauvais cholestérol sans diminuer le bon. Le régime méditerranéen étant naturellement hypocalorique, il permet l'amincissement harmonieux et le maintien du poids de forme.

Ses avantages

● Le régime méditerranéen est savoureux ; on peut réellement se régaler tout en mangeant sainement. Toutes les idées reçues sur les lipides à fuir absolument dans le cadre d'un régime amincissant deviennent caduques : il suffit de sélectionner ses matières grasses : très peu de lipides saturés, un peu de lipides poly-insaturés (que le corps ne peut fabriquer lui-même), beaucoup de lipides mono-insaturés.

● On ne pèse ni ne mesure : ce programme constitue davantage un style de vie qu'un régime.

● L'alimentation méditerranéenne contient de nombreux aliments riches en substances anti-vieillissement (tomate riche en lycopène, raisin et vin riches en polyphénols, huile d'olive riche en vitamine E, légumes à feuilles vertes riches en lutéine...). Non seulement on vit mince, mais on vit vieux et en forme.

● Sa richesse en fibres alimentaires en fait un ennemi de la constipation (et de toutes les maladies corollaires d'une alimentation trop pauvre en fibres).

Le régime méditerranéen

Le régime méditerranéen n'a rien d'un programme rigide. Il s'articule autour de grands principes :

● consommation d'acides gras insaturés ;
● faible consommation de produits d'origine animale ;
● consommation élevée de légumes, fruits et céréales ;
● consommation modérée de vin rouge de bonne qualité ;
● ration calorique quotidienne raisonnable ;
● activité physique régulière.

Exemple de menu

Tartare de tomates au basilic
Pois chiche à la coriandre
1 petit morceau d'ozau (fromage de brebis)
Poire à la cannelle

Ou :
1 part de tarte feuilletée aux anchois et aux poivrons
Penne à la tomate et aux épinards
Coupe de fruits d'été au nectar de mangues

Ses inconvénients

● **Il est difficile à suivre quand on déjeune à l'extérieur (cantine, bistrot...). On peut néanmoins contourner les catastrophes alimentaires en évitant de consommer trop de graisses saturées (viandes grasses, pâtisseries...) et beaucoup de fruits et de légumes.**

● **Sa richesse en lipides nous fait le déconseiller aux personnes ayant beaucoup de poids à perdre. Ces personnes pourront, quand l'amincissement sera bien enclenché, continuer de maigrir ou rester minces (et en bonne santé !) grâce au régime méditerranéen.**

Le régime crétois

Les Crétois ont le taux de longévité le plus élevé du monde. Outre le fait qu'ils suivent naturellement le programme méditerranéen, ils ajoutent à leur alimentation certains produits tels que le pourpier (une plante poussant à l'état sauvage dans les contrées méditerranéennes) et les escargots, riches en acides gras mono-insaturés, qui contribuent tout naturellement au maintien de la santé.

Notre verdict

Un régime excellent pour la santé ; sa richesse en bons lipides insaturés, qui dégagent malgré tout leurs 9 calories pour 100 g, peut, dans un premier temps, ralentir légèrement l'amincissement.

Pour cuisiner tout en finesse

Toutes les astuces pour concocter une cuisine minceur délicieuse...

On ne fait pas d'omelette sans casser d'œufs... ni de cuisine minceur sans utiliser les outils adéquats. Nous vous invitons à réapprendre à cuisiner, à vous enivrer d'épices, à vous griser des saveurs variées des herbes aromatiques, à retrouver le goût oublié des légumes frais cuits à la vapeur... Bon appétit !

Organisez votre cuisine

● **Les plans de travail doivent être suffisamment nombreux pour que vous puissiez cuisiner sans être rapidement envahie.**
● **Les petits appareils électroménagers tels que mixeur, presse-agrumes resteront branchés en permanence sur le plan de travail pour une utilisation aisée et sans perte de temps. Pensez à prévoir suffisamment de prises pour ne pas avoir à les brancher et débrancher sans arrêt.**
● **Accrochez à portée de la main un dérouleur de papier aluminium et de papier absorbant ainsi que de la ficelle.**
● **A côté de la plaque de cuisson, disposez une étagère où vous rangerez vos herbes et aromates par ordre alphabétique pour gagner du temps, et du sel et du poivre.**

Offrez-vous les bons outils

Les bons ouvriers utilisent les meilleurs outils... et les candidates à la minceur également. Si vous avez été élevée à la cuisine au beurre plutôt qu'aux légumes vapeur, il vous faudra rectifier quelques habitudes culinaires aussi nuisibles pour votre ligne que pour votre santé.

Votre gros équipement

Le four

Il est idéal pour cuire les viandes à point et les rendre croustillantes et dorées. Préférez les modèles avec fonction gril pour dorer et rissoler.

Si vous choisissez un four de grande taille, préférez-le assez puissant pour chauffer rapidement, faute de quoi la cuisson de vos aliments risquerait de se voir ralentie.

Le four à micro-ondes

Indispensable aux femmes pressées, il en existe des modèles avec ou sans fonction gril, à des prix désormais très abordables. Vous vous en servirez pour réchauffer et décongeler des plats que vous aurez préparés ou achetés, sans avoir à leur ajouter de matière grasse.

Les plaques de cuisson

Parfaites pour la cuisson éclair des viandes, poissons, œufs, mais aussi pâtes, riz et légumineuses, ou pour faire mijoter de bons petits plats, ou encore pour réchauffer des potages.

L'autocuiseur est idéal pour cuire les aliments tout en préservant les vitamines.

Le réfrigérateur

C'est l'endroit où nos pas nous ramènent lorsque l'on est sur le point de «craquer». C'est pourquoi il convient d'y faire un grand nettoyage par le vide en période de régime amincissant. Donnez tout ce qui est inadapté à un programme minceur : lait concentré sucré, beurre, fromages, crème fraîche entière, charcuterie, chocolats, crème chantilly, desserts lactés fantaisie, sodas, bière...

Remplacez ces mets tentateurs par de petits bâtonnets de légumes, des pots de fromage blanc à 0 % et 10 % de matière grasse, des yaourts maigres ou nature (selon que votre régime le permet ou pas), des briques de lait écrémé, des oeufs durs...

Le congélateur

Il sera le complice de votre amincissement. Peu importe s'il représente seulement un compartiment de votre réfrigérateur ou un appareil isolé ; il faudra également y faire le vide. Distribuez pizzas, hamburgers, hachis parmentiers, quiches, tourtes, bâtonnets de poisson pané, glaces, à vos ami(e)s. Remplacez-les par de petits plats diététiques que vous préparerez vous-même à l'avance le week-end par exemple et que vous décongèlerez le soir en rentrant plutôt que de vous jeter sur les biscuits apéritifs.

Votre petit matériel

Votre batterie de cuisine devra comporter :
● Une série de cinq casseroles antiadhésives et leurs couvercles.
● Deux poêles antiadhésives de diamètres différents : une grande et une petite.
● Un faitout antiadhésif avec couvercle pour les plats mijotés
● Un couscoussier ou un autocuiseur («Cocotte-Minute»), pour cuire rapidement à la vapeur. La cuisson au couscoussier est plus longue qu'à l'autocuiseur, mais les vitamines sont mieux conservées et les aliments cuits à point sans être déformés par la cuisson.
● Un gril en fonte, si votre four n'en comporte pas.
● Pour éviter de rayer vos casseroles et poêles, et augmenter ainsi leur durée de vie, procurez-vous des cuillères et spatules en bois.
● Vous investirez également dans des tamis de différentes tailles, pour filtrer les bouillons de légumes et de viandes.
● Un mixeur.
● Un presse-agrumes (facultatif).

La saveur de l'alcool... les calories en moins

N'hésitez pas à relever vos plats avec l'alcool de votre choix : vin blanc, vin rouge, whisky, cognac, calvados... l'alcool (et ses calories) s'évapore à la cuisson. Quant à l'arôme, il demeure... alors régalez-vous !

Pour préparer vos sauces

Pour donner corps à vos préparations, utilisez de la gélatine (3 calories la feuille) pour les terrines, mousses, aspics de légumes ou encore de la gomme guar (on en trouve en pharmacie). Quant à l'adjonction de Maïzena, elle épaissit à la cuisson et rend ainsi les sauces chaudes plus onctueuses sans leur ajouter un gramme de matière grasse.

Les vertus des herbes aromatiques

● **L'aneth possède des propriétés digestives, diurétiques et antispasmodiques.**
● **La sauge constitue un antifatigue.**
● **Le basilic préviendrait les maux de tête.**
● **La marjolaine lutte contre l'hypertension.**
● **L'estragon améliore la digestion.**
● **Le fenouil combat la rétention d'eau.**
● **L'origan lutte contre la constipation**

Le choix des condiments

N'hésitez pas à relever vos plats avec :
● **De la moutarde, forte ou douce, aromatisée ou non (environ 1 calorie par gramme).**
● **Des cornichons (moins d'une calorie par pièce !).**
● **Des câpres (13 calories aux 100 g).**
● **De petits oignons vinaigrés (45 calories aux 100 g).**
● **Des rondelles de citron (moins de 5 calories par tranche)...**

Le concentré de tomates

Choisissez-le de qualité (certains sont bourrés de sucre). Il permet de donner du caractère à une sauce un peu fade. Pensez à le diluer dans de l'eau tiède avant de le mélanger à une préparation chaude pour une meilleure dilution.
L'idéal est de cuisiner vous-même votre concentré de tomates à partir de légumes bien mûrs achetés au marché.

La sauce au soja

Elle accommode viandes et légumes d'un fumet exotique. Pratiquement sans calories, on peut l'utiliser dans des préparations chaudes ou froides.

Préparez-vous des sauces légères

Elles ont le mérite de relever la saveur des plats simples ou plus élaborés. Dans le cadre d'un régime minceur, il convient de les rendre légères sans pour autant les affadir.

Les vinaigrettes

Malgré leur dénomination, les vinaigrettes sont riches en lipides, puisqu'on mélange traditionnellement une cuillerée à soupe de vinaigre à trois cuillerées à soupe d'huile. Quand on sait que chaque gramme de lipide, quelle que soit son origine, dégage neuf calories par gramme, un banal plat de crudités peut devenir une bombe énergétique !
Pour alléger votre vinaigrette, remplacez une partie de l'huile par :
● du fromage blanc à 0 ou 10 % de matière grasse ;
● ou du lait écrémé ;
● ou de la sauce de soja ;
● ou de la moutarde ;
● ou du bouillon de légumes ;
● ou du jus de citron ou de pamplemousse ;
● ou de l'huile de paraffine (pas plus d'une fois par semaine pour éviter les désordres intestinaux).

Le fromage blanc

Les sauces au fromage blanc sont idéales pour accompagner les crudités : concombres, carottes râpées. Il suffit de battre le fromage blanc (de préférence à 0 ou 10 % de matière grasse) et de lui ajouter ciboulette, persil haché, ail, échalote, oignon, poivre, et une pincée de sel.

La Maïzena

De par son pouvoir épaississant, elle remplace avantageusement (pour la ligne) le beurre utilisé dans les sauces chaudes traditionnelles. Pour un meilleur résultat, délayez la Maïzena dans un peu d'eau froide avant de l'adjoindre à la préparation. On peut remplacer la Maïzena par de la gomme de guar, qui a le même pouvoir liant sans apporter de calories.

L'alcool

Il s'évapore à la cuisson. C'est pourquoi vous pouvez tout à fait préparer vos sauces chaudes avec un bon verre de bordeaux ou une larme de whisky. Les calories s'envolent, mais l'arôme demeure.

Le vinaigre

Il existe une multitude de vinaigres parfumés : à l'échalote, au miel, de framboise, de xérès, de cidre... Utilisé chaud dans des sauces ou pour déglacer un plat, ou froid dans les vinaigrettes, il relève le goût sans faire pencher la balance du mauvais côté.

L'eau et les bouillons

Ils permettent de délayer une sauce un peu épaisse ou de diluer une préparation qui devient ainsi moins concentrée en calories. Pensez à dégraisser soigneusement les bouillons de viande. Les bouillons de légumes contiennent peu ou pas de calories, mais beaucoup de vitamines et de sels minéraux.

Ayez le réflexe minceur : plutôt que de rajouter une larme d'huile à un plat qui menace d'attacher, versez plutôt un demi-verre d'eau ou de bouillon de légumes.

Le lait écrémé

Moins insipide que le bouillon, il donne une certaine onctuosité. Utilisez-le dans les sauces chaudes, pour remplacer la crème fraîche, après y avoir délayé un peu de Maïzena ou de gomme de guar. Pensez aussi au lait de soja, excellent pour la santé.

Les jus de fruits

Pourquoi ne pas remplacer une partie de l'huile utilisée dans vos vinaigrettes par du jus de citron ou, pourquoi pas, de pamplemousse ? C'est un excellent moyen de substituer aux lipides superflus de bienvenues vitamines !

CUISINER

Les aromates : zéro calories !

Usez et abusez-en. Ils donnent du caractère à un plat un peu fade et ne contiennent aucune calorie (ou si peu !).
Citons pour exemples :

● **L'aneth,** à la saveur anisée, est utilisé pour parfumer les sauces froides et les poissons.

● **La cannelle,** traditionnellement utilisée pour relever les compotes de pomme et le couscous.

● **Le curry,** mélange d'épices, accommode parfaitement la viande de poulet et de veau.

● **Le cumin,** réputé pour faciliter la digestion.

● **Le cerfeuil,** à l'arôme anisé, s'ajoute au plat en fin de cuisson.

● **Le laurier,** pour accompagner les poissons et le pot-au-feu.

● **Le persil,** riche en vitamines A, C et en fer.

● **Le romarin,** aux arômes camphrés et aux propriétés stimulantes.

● **Le thym,** utilisé depuis des siècles pour son action antiseptique, dont on utilise les branches pour parfumer les plats, est ôté en fin de cuisson.

● **La sarriette,** idéale pour relever les plats de poisson et les grillades, mais également les légumes secs.

La cuisson à la vapeur

Elle préserve bien les vitamines et ne déforme pas les légumes dans la mesure où vous ne prolongez pas trop la cuisson.

Vous avez le choix entre le couscoussier (les légumes sont disposés sur un panier, au-dessus de l'eau bouillante) ou l'autocuiseur. Il faut savoir que la cuisson au couscoussier est plus longue que celle à la «Cocotte-Minute».

La cuisson à l'étouffée

On jette les légumes lavés, épluchés et détaillés en morceaux dans une cocotte contenant 1 cuillerée d'huile végétale et on couvre immédiatement. La cuisson s'effectue à feu doux. Il est possible de rajouter de l'eau ou du bouillon de légumes en cours de cuisson afin que les légumes n'attachent pas. Cette technique de cuisson a l'avantage de préserver les vitamines.

Purées surgelées

De nombreuses marques proposent désormais des purées surgelées en palets, à décongeler à la casserole, avec un peu d'eau, ou au four à micro-ondes. Elles peuvent également être utilisées pour concocter de délicieux potages, rallongées de lait écrémé ou de bouillon de légumes.

Comment cuisiner les légumes

Source de vitamines, de sels minéraux, de fibres alimentaires et surtout de glucides, les légumes sont les alliés de votre ligne. Mieux vaut savoir les cuisiner afin de ne pas transformer ces mets peu caloriques en éponges à lipides...

Les crudités

Comme leur nom l'indique, il s'agit de légumes crus. On les déguste épluchés ou simplement lavés et brossés s'il s'agit de légumes issus de l'agriculture biologique, et détaillés en cubes, rondelles, tranches, ou tout simplement râpés.

Avantage : les légumes crus et frais sont bourrés de vitamines. Inconvénients : une orgie de crudités peut se révéler irritante pour l'intestin. Il convient également de faire attention à ne pas avoir la main trop lourde sur l'assaisonnement, généralement bourré de lipides (donc de calories), ou de remplacer la vinaigrette traditionnelle par une de nos sauces «light».

Les terrines

Préparées à base de purées de légumes, avec ou sans épaississant, les terrines de légumes sont à la fois agréables à l'œil et au palais. Selon que vous suivez un régime plus ou moins sévère, vous pourrez ajouter à la préparation qui constitue la terrine du lait écrémé ou de la crème fraîche.

Les soufflés

Comme les mousses, la cuisson en plus. Le danger est la tentation de rajouter trop de matière grasse : beurre, margarine, crème fraîche... Quitte à nous répéter, mieux vaut remplacer, au moins durant les premiers temps de votre régime, les matières grasses très caloriques par une préparation à base de lait écrémé.

Les gratins

Ils sont généralement très appréciés et très présentables. N'hésitez pas à en proposer si vous recevez. Pour un gratin savoureux et moins calorique, remplacez le traditionnel gruyère par un fromage allégé râpé, mélangé ou non avec deux jaunes d'œufs battus.

Les légumes bouillis

On immerge les légumes dans une grande quantité d'eau bouillante salée, additionnée ou non de bouillon de viande dégraissé, et on laisse bouillir jusqu'à cuisson complète. Avec cette technique, les vitamines (et notamment les vitamines hydrosolubles : A, D, E, K) ont tendance à passer dans l'eau : gardez le bouillon pour une consommation ultérieure.

Les brochettes

On enfile des légumes variés (morceaux de poivron, de champignon, de tomate, d'oignon...) sur une brochette et on laisse dorer dans le four réglé sur position «gril».

Il est tout à fait possible de rajouter aux brochettes des morceaux de viande maigre : dinde, veau, bœuf dégraissé...

Ce mode de cuisson est très apprécié en été et réveille les hivers maussades. Contrairement à ce qui est d'ordinaire conseillé, évitez, dans le cadre d'un régime amincissant, de badigeonner avec de l'huile les aliments composant votre brochette.

Les purées

On a l'embarras du choix : carottes, brocolis, haricots verts, céleri... Contrairement aux idées reçues, elles ne sont pas plus caloriques que les légumes cuits consommés tels quels. C'est ce qu'on leur ajoute qui peut les transformer en bombe calorique : beurre, crème fraîche... Dans le cadre d'un régime amincissant, évitez durant la période stricte d'ajouter des pommes de terre à vos purées, ou remplacez-les par une courgette.

Soupe et potage

Ils ont l'avantage de «caler» et de réchauffer pour un apport calorique modeste. Recommandés en hiver, ils peuvent également être consommés en été. Vous pouvez augmenter l'effet «coupe-faim» de votre potage en lui ajoutant, avant de servir, une cuillerée à café de son de blé. En début de régime, évitez les pommes de terre. Préférez-leur les carottes, poireaux, navets, céleri, oignons, ail, chou, haricots verts, tomates...

Les potages déjà prêts

Si vous n'avez ni le temps ni l'envie de vous préparer une soupe le soir en rentrant du bureau, rien ne s'oppose à ce que vous consommiez un potage «de synthèse». Il en existe deux catégories :

● Les potages déshydratés, à reconstituer dans l'eau bouillante.

● Les potages à réchauffer, vendus en briques ou en bouteilles.

Dans tous les cas, lisez scrupuleusement la composition avant d'acheter. Dans la liste des composants, celui qui figure en tête est toujours le plus utilisé dans la recette (c'est la loi). Le gros désavantage des potages tout prêts est leur fâcheuse tendance à être trop salés.

Pourquoi ne pas plutôt préparer à l'avance, le dimanche, deux litres de potage pour la semaine et le surgeler en petites quantités pour une consommation échelonnée ?

Les mousses

Pour obtenir une mousse de légumes, il suffit de mélanger à la purée (de carottes, de brocolis...) du blanc d'œuf battu en neige très ferme (riche en protéines !).

Les plats mijotés

Jetez les morceaux de viande détaillés en dés dans une cocotte anti-adhésive. Ajoutez de petits légumes, deux verres de liquide au choix (eau, bouillon, vin...) et laissez mijoter à petit feu : telle est la formule pour concocter de bons petits plats sans adjonction de matière grasse.

Les fruits de mer

A préparer de préférence sans matière grasse. Bannissez la mayonnaise traditionnelle qui accompagne généralement les plateaux de fruits de mer. Les coquillages et crustacés (homards, crevettes, langoustes, crabes, moules, bulots...) sont les alliés des régimes minceur car le temps passé au «décorticage» n'est pas du temps passé à manger. De la même manière, on conseille parfois de manger les mets avec des baguettes pour manger moins vite et en plus petites quantités.

Viandes et poissons

Source de protéines, mais également de lipides, les viandes doivent être sélectionnées en fonction de leur faible teneur en graisses. En revanche, il n'existe pas de poisson interdit dans le cadre d'un régime amincissant : les bonnes graisses qu'il contient, présentes en quantité raisonnable, jouent un rôle important dans la prévention des maladies cardio-vasculaires.

Les viandes

Les viandes grillées

Sur un gril posé sur la flamme vive de votre plaque de cuisson ou au four réglé sur la position «gril», elles sont savoureuses mais veillez à ne pas trop les laisser noircir. Saupoudrez-les d'herbes de Provence pour une saveur encore plus relevée. Badigeonnez le gril d'huile puis retirez l'excédent avec une feuille d'essuie-tout.

Les viandes poêlées

Utilisez exclusivement une poêle antiadhésive ou très légèrement graissée avec une feuille de papier absorbant imbibée d'huile végétale.

Les viandes rôties

Faites cuire la viande dans un four préchauffé, dans un plat non beurré. Pour éviter que le rôti ne soit trop sec, versez dans le plat un verre à moutarde d'eau ou de bouillon de légumes. Usez et abusez des épices et herbes aromatiques.

Les brochettes

Comme pour les légumes. Evitez de laisser mariner votre viande dans une préparation à base d'herbes aromatiques et d'huile. Remplacez cette dernière par un mélange d'eau et de jus de citron.

La viande crue

Pourquoi pas si l'on aime et qu'on ne lui rajoute pas de matière grasse ? En ce qui concerne le carpaccio, remplacez l'huile par un mélange jus de citron/eau.

La viande en papillotes

Préconisé pour les viandes blanches, ce type de cuisson permet d'obtenir un plat savoureux sans adjonction de matière grasse. Variez les aromates pour éviter la lassitude : herbes de Provence, curry, moutarde, cannelle...

Les poissons

Le poisson en papillote

Détaillez le poisson en filets et disposez-le dans une feuille de papier aluminium hermétiquement fermée après l'avoir agrémenté de vin blanc, jus de citron, petits légumes... Cuisez à four chaud.

Le poisson poché

Pour éviter que ce mode de cuisson n'affadisse le poisson, pensez à ajouter à l'eau de cuisson une branche de laurier, de thym ou de céleri, un peu de vin blanc ou un bouquet garni.

Le poisson vapeur

Au couscoussier ou à l'autocuiseur, mieux vaut disposer le poisson détaillé en filets sur un lit de petits légumes. N'hésitez pas à ajouter à l'eau de cuisson les aromates de votre choix : le poisson s'en trouvera ainsi délicatement parfumé. La cuisson à la vapeur, sans ajout de matière grasse, est une façon très saine de préparer le poisson, qui garde ainsi toutes ses vitamines.

Le poisson grillé

Comme pour les viandes grillées, évitez les marinades à base d'huile. Ne lésinez pas sur les herbes et les épices.

Les terrines de poisson

Même préparation que les terrines de légumes. Otez bien toutes les arêtes avant de passer le poisson au mixer.
Les terrines de poisson, servies froides, avec une sauce légère à base de fromage blanc et de citron, représentent une entrée raffinée et peu calorique.

CUISINER

La préparation des œufs

Chacun sait que le jaune d'œuf est riche en cholestérol. C'est pourquoi il est conseillé de ne pas en abuser. Alternez leur consommation avec celle de viandes maigres et de poissons.
Voici quelles sont les meilleures façons de consommer des œufs dans le cadre d'un régime amincissant :

● œuf dur (limitez le sel, bannissez la mayonnaise)
● œuf mollet
● œuf à la coque (avec mouillettes mais sans beurre)
● œuf sur le plat, à condition que le «plat» soit une poêle antiadhésive et que les œufs soient cuits sans matière grasse
● œuf cocotte (remplacez la crème fraîche par un mélange crème fraîche allégée/purée de légumes)
● œufs brouillés
● omelette aux petits légumes et au jambon dégraissé, cuite à la poêle antiadhésive sans adjonction de matière grasse
● œufs en gelée
A fuir : omelette au beurre et au lard, œufs mayonnaise, gâteaux.

CUISINER

Les légumineuses

N'oubliez pas de les faire tremper toute la nuit dans l'eau froide pour les rendre plus digestes et réduire leur temps de cuisson. Il faut ensuite les faire cuire en les jetant dans l'eau froide.

Attention ! il ne faut jamais cuire les légumes secs dans leur eau de trempage. Vous servirez les légumes secs cuits :

● **Soit chauds, en accompagnement d'une viande ou d'un poisson.**

● **Soit froids, en salade : salade de riz, de lentilles, aux fèves...**

Pensez également au soja, très riche en protéines d'excellente qualité.

Quelques chiffres

Pour mémoire, rappelons que :
● **les chips apportent 570 calories aux 100 g ;**
● **les frites 400 ;**
● **les pommes de terre sautées à l'huile, environ 125.**

Les féculents et assimilés

Riches en fibres, glucides lents, protéines et vitamines, les féculents et assimilés (pommes de terre, céréales, légumineuses, pâtes, pain...), longtemps exclus de nos programmes minceur, ont été récemment réhabilités. Mieux vaut savoir comment les accommoder pour ne pas voir son régime échouer.

Les céréales du petit déjeuner

Choisissez-les de préférence complètes car leur richesse en fibres vous garantit un sentiment de satiété durable. On les trouve dans les magasins de diététique et dans certaines grandes surfaces. Citons pour exemples les flocons d'avoine, les flocons de riz, les flocons de soja, la semoule de blé complet.

Il existe également des petits déjeuners tout prêts. Soyez vigilante sur leur teneur en sucres rapides et en matières grasses.

Le pain

Préférez-le complet pour les fibres alimentaires ; vous pouvez également choisir du pain de son, de seigle, aux céréales... mais supprimez pour l'instant le pain aux noix et le pain viennois. Le pain blanc n'est pas plus calorique que le pain complet ; il est seulement moins riche en fibres.

Les pommes de terre

Nature, c'est-à-dire cuites à l'eau, c'est 90 calories aux 100 g. Autant dire qu'il vaut mieux choisir de consommer la pomme de terre :

● Cuite à la vapeur.

● Cuite au four («pomme de terre en robe des champs» ou à la braise, enveloppée dans une feuille de papier aluminium).

● En salade, agrémentée d'une sauce légère, élaborée à partir de fromage blanc maigre ou de yaourt bulgare.

● En purée, mélangée avec un peu de lait écrémé.

Les pâtes

Pour 110 calories aux 100 g environ, les pâtes ne sont pas incompatibles avec un régime amincissant, si vous ne leur adjoignez pas du beurre, de la crème, de la margarine ou du fromage râpé à outrance.

Préférez les sauces à base de sauce tomates du commerce ou fabriquée vous-même, les coulis de champignons, les petites sauces à l'oignon, ou parsemez-le de fines lamelles de saumon fumé ou de blanc de dinde. Avis aux «accros» : vous pouvez vous accorder une cuillerée à soupe de ketchup (seulement 15 calories).

Les céréales complètes

Boulghour, blé, millet, orge, riz complet... pensez à varier les céréales. Riches en fibres, elles sont satiétogènes et bourrées en vitamines du groupe B. Consommez-les seules ou avec de petits légumes cuits sans matière grasse.

Le maïs doux en conserve

Ce n'est pas parce qu'on en fait de l'huile que le maïs est gras. En effet, il contient seulement 1,5 g de lipides aux 100 g. En revanche, il est riche en glucides et contient 118 calories aux 100 g. Utilisez-le pour égayer vos salades composées ou accompagner vos volailles.

Les farines

Comme les céréales, mieux vaut les choisir non raffinées. Leur richesse en fibres alimentaires permet d'être rassasiée plus rapidement et d'éliminer une partie des lipides dans les selles.

CUISINER

Le secret des gâteaux légers

Si vous faites un gâteau, préférez l'association :
● **farine de blé non raffinée/un peu de margarine/cacao maigre non sucré/fructose**
à celle :
● **farine blanche/beaucoup de beurre/chocolat noir sucré/sucre blanc.**
Vous économiserez ainsi quelques calories indésirables !

Pour pallier la monotonie

Alternez les farines :
● **blé ;**
● **épeautre ;**
● **sarrazin ;**
● **maïs ;**
● **riz ;**
● **seigle ;**
● **soja...**
Choisissez des farines complètes issues de céréales «bio» ; riches en vitamines et en fibres, elles vous permettront de conserver tonus et vitalité.

Les meringues

A base de blancs d'œufs, elles sont particulièrement riches en protéines animales de bonne qualité, et totalement dépourvues de lipides.
Le «danger calorique» vient du sucre. Remplacez-le par du fructose et/ou un édulcorant de synthèse ne perdant pas son pouvoir sucrant à la cuisson.
Même chose pour les œufs à la neige. Vous remplacerez le lait par du lait écrémé, et une partie du sucre par du fructose et/ou de l'édulcorant de synthèse.

Les gâteaux de semoule

Utilisez de préférence de la semoule élaborée à partir de céréales complètes, riches en fibres alimentaires, du lait écrémé, et un mélange composé de fructose et d'édulcorant de synthèse.

En cas de fringale : croquez un fruit !

S'il vous vient une fringale irrépressible, pourquoi ne pas craquer pour un beau fruit bien mûr plutôt que de vous jeter sur une plaquette de chocolat ? Manger une pomme «à la croque» prend généralement entre 10 et 20 mn. Ce qui laisse le temps à votre appétit de s'apaiser. Mais attention : une pomme (environ 150 g), c'est malgré tout 78 calories.

Les desserts

Qui a dit qu'il fallait se priver de dessert pour maigrir et rester mince ? Il existe quelques astuces à connaître pour réconcilier ligne et gastronomie !

Les mousses

A base de blanc d'œuf battu en neige très ferme, de fromage blanc maigre et, éventuellement, de gélatine pour une meilleure tenue, elles sont extrêmement faciles à faire et peuvent être parfumées au gré de votre humeur et de vos envies :
● Fruits frais ou surgelés, cuits et réduits en purée
● Jus de fruits
● Vanille (extrait de vanille ou gousse)
● Chocolat (cacao non sucré)
● Café
● Thé...

Les salades de fruits

Si vous choisissez vous-même vos fruits au marché, préférez les fruits de saison, toujours moins chers et plus riches en vitamines.
Si vous préférez les salades de fruits toutes préparées, retenez une marque sans sucre ajouté. Evitez les fruits secs (noix, amandes) en période de régime amaigrissant : ils sont très caloriques.

Les entremets

Composez vous-même vos entremets à base de lait écrémé, d'oeufs et d'arôme naturel : vanille, café, chocolat, caramel, fraise, citron... Rien ne s'oppose à ce que vous remplaciez le sucre ou le fructose par un édulcorant de synthèse dont la saveur sucrée résiste à la cuisson.

Les tartes

Remplacez le beurre par de la margarine et la farine blanche par de la farine complète. Le sucre blanc peut également être remplacé par du fructose ou un édulcorant de synthèse.
N'utilisez pas de pâte à tarte toute faite, généralement trop riche, en période de régime.
Inutile de saupoudrer la tarte de sucre en poudre avant de la mettre au four. Mieux vaut la badigeonner avec un gros pinceau à l'œuf battu si on veut qu'elle soit dorée.

Les clafoutis

A base de fruits (vous en mettrez beaucoup), d'œufs, de Maïzena et de sucre (que vous pourrez remplacer par du fructose et/ou un édulcorant de synthèse), ils représentent des desserts succulents et raisonnablement énergétiques.

Les sorbets

De l'eau, des fruits, un peu de fructose ou d'édulcorant de synthèse... et la magie du gel : voici un dessert de fête à consommer sans trop de scrupules, puisqu'une boule fait entre 30 et 50 calories, selon que vous utilisez du fructose ou du sucre, ou un édulcorant.

Les compotes

La plupart des fruits supportent d'être dégustés en compote. Pensez aux fruits surgelés pour vous concocter une compote de framboise en plein mois de janvier par exemple. Pour varier, mélangez votre compote avec un peu de fromage blanc à 0 ou 10 % de matière grasse.

CUISINER

Salade de fruits rouges

Ingrédients pour 4 personnes :
- 300 g de fraises
- 300 g de groseilles
- 200 g de framboises
- 4 cuillerées à soupe d'édulcorant de synthèse en poudre

Lavez les fruits et équeutez les fraises et les framboises, égrenez les groseilles.
Passez les framboises à la centrifugeuse ou à défaut au mixeur pour obtenir un mélange lisse et homogène.
Dans une casserole, diluez l'édulcorant de synthèse dans 1/4 l d'eau. Ajoutez le jus ou la purée de framboises.
Faites cuire à feu très doux 10 mn environ, puis laissez refroidir.
Pendant ce temps, placez les fraises coupées en quatre et les groseilles dans une grande jatte.
Quand le coulis de framboises est refroidi, versez-le sur la salade de fruits et mélangez doucement.
Placez au réfrigérateur deux heures au minimum.
Servez très frais.